ESSAI

SUR LA VIE, LE CARACTÈRE ET LES OUVRAGES

DE

J.-E.-M. PORTALIS

IMPRIMÉ PAR A. HENRY NOBLET,

30, rue du Bac.

ESSAI

SUR LA VIE, LE CARACTÈRE ET LES OUVRAGES

DE

J.-É.-M. PORTALIS

MINISTRE DES CULTES,
MEMBRE DE L'ACADÉMIE FRANÇAISE, ETC.

PAR

M. A. BOULLÉE,

ANCIEN MAGISTRAT,

Auteur de *l'Histoire de la vie et des ouvrages du Chancelier d'Aguesseau*,
de *l'Histoire des États-généraux de France, etc.*

« Clarorum virorum facta moresque posteris tradere antiquitùs usitatum, quotiens magna aliqua ac nobilis virtus vicit ac supergressa est ignorantiam recti et invidiam. »

(TACIT., *Vita Agric.*, 1.)

PARIS

A LA LIBRAIRIE ACADÉMIQUE
DIDIER ET Cie, LIBRAIRES-ÉDITEURS
35, Quai des Augustins.

1859

AVANT-PROPOS.

Il n'est point de nom dans nos annales contem poraines qui soit entouré de plus d'estime et de vénération que celui de Portalis : il n'est point de personnage peut-être dont la vie soit plus imparfaitement connue. Excepté la part qu'il a prise à la rédaction du Code civil et à l'organisation du régime des cultes, la généralité du public ne sait presque rien de lui. Ses débuts mémorables et ses luttes au barreau de Provence, sa conduite si noble et si ferme durant la crise révolutionnaire, ses travaux parlementaires et philosophiques, sont à peu près ignorés ou oubliés. La génération actuelle l'honore en quelque sorte sur parole, et ne possède que des notions confuses ou insuffisantes sur une des carrières les plus utilement et les plus diversement remplies de notre histoire moderne.

C'est à éclairer et à étendre ces notions générales que j'ai appliqué mes efforts.

En publiant aujourd'hui le résultat de mon travail, je remplis un engagement auquel la mort récente de M. le comte Portalis a imprimé le sceau d'une inviolable consécration. Confident naturel de l'hommage que je me proposais de rendre à la mémoire de son père, l'éminent magistrat avait bien voulu compléter mes recherches par quelques communications précieuses, et par d'utiles additions à l'esquisse si intéressante qu'il a tracée lui-même de sa vie et de ses écrits. J'ai mis largement aussi à contribution les documents recueillis par un autre membre de sa famille, M. le vicomte F. Portalis, sur les travaux si variés et si remarquables de son illustre aïeul.

Cette origine officieuse de ma publication n'en a pas enchaîné l'indépendance. Toute œuvre biographique ne vaut que par la vérité. Laissons aux notices académiques et aux discours de rentrée le privilège des louanges sans contrepoids et des admirations exclusives : l'histoire, cette image de l'imparfaite humanité, ne comporte point ces sentiments absolus. Caractériser avec sincérité les actes et la physionomie du conseiller de Napoléon ; juger librement les hommes et les choses du temps où il a vécu ; inspirer surtout l'imitation des beaux exemples qu'il a offerts, tel est l'esprit dans lequel j'ai conçu cet Essai, tel est le but que je me suis proposé. Heureux si l'intérêt de mon sujet peut suppléer aux insuffisances de ma composition ; plus heureux si le lecteur éprouve à parcourir cette Étude d'histoire contemporaine une partie du vif et puissant attrait qui m'a porté moi-même à m'y consacrer !

Un vénérable académicien, qui, au mérite de beaucoup savoir unit l'heureux privilège de bien penser et de bien dire, a exprimé de nos jours une grande vérité de situation : « En littérature et en morale, comme en politique, le génie du mal et le génie du bien, a-t-il dit, se disputent la France. Le premier nous inonde de méchants écrits et de mauvaises pensées ; l'autre convie la portion éclairée de la nation à s'unir par des efforts généreux pour préserver notre pays de la décadence qui le menace (1). » Dans cette pieuse croisade de la vérité contre l'erreur, de l'esprit de croyance et de conservation contre l'esprit de scepticisme et de désordre, la mission de la saine littérature est nettement tracée, et la biographie, cette auxiliaire de l'histoire, a, ce me semble, un rôle utile à y revendiquer. Aux idoles d'un jour qu'élève le caprice des multitudes ou l'engouement des partis, il lui appartient d'opposer quelques-uns de ces noms sans tache, consacrés par des bienfaits irrécusables et vieillis dans une possession

(1) *Mélanges scientifiques et littéraires*, par M. Biot, tome 3. p. 163.

constante et légitime de la considération publique. Par le spectacle de tels modèles, la raison contemporaine, remontant des effets aux causes, comprendra mieux la vertu de ces fortes croyances qui font les véritables hommes de bien, de ces sources vivifiantes où se retrempent la moralité et la dignité des caractères ; car c'est le propre de l'esprit humain d'être moins touché des leçons que des exemples. Honneur aux écrivains consciencieux dont l'autorité, supérieure à de vaines préoccupations, aura réussi à doter ainsi de salutaires enseignements la génération nouvelle, à rendre à la vérité ses titres usurpés, et à combattre les fausses doctrines par la destruction des fausses renommées!

Passy, novembre 1858.

ESSAI

SUR

LA VIE, LE CARACTÈRE ET LES OUVRAGES

DE

J.-E.-M. PORTALIS.

PREMIÈRE PARTIE.

Origine, naissance, éducation de Portalis. — Ses premiers écrits. — Ses débuts au barreau d'Aix. — Son administration provinciale. — Procès de la comtesse de Mirabeau. — Du comte de La Blache. — Mémoires de Portalis sur le rétablissement des Etats de Provence. — Sur les Edits de 1788.

(1746 – 1788.)

Les révolutions politiques, dont l'effet inévitable est de pervertir les notions du droit et du devoir, exercent communément une action analogue sur les renommées contemporaines. C'est le propre des époques de troubles de n'enfanter que des appréciations infidèles ou excessives, des jugements plus ou moins passionnés touchant les hommes qui, à des titres divers, se sont fait remarquer sur la scène du monde. Tout rapport entre la réputation et le mérite réel disparaît au contact imposteur de l'esprit de parti. Heureux ceux qu'une vie pure, que d'irrécusables services ont pu défendre contre les périls de leur propre supériorité, et qui ont conquis le rare avantage d'être jugés non sur leurs opinions, mais sur leurs actions ou leurs écrits !

L'homme d'Etat et l'homme de bien que concerne cette Étude, fut un de ces personnages privilégiés. Les passions contemporaines, qui respectèrent sa vie, ont fait silence autour de sa tombe, et la postérité a fixé sa véritable valeur avant l'époque où elle commence pour la plupart des renommées. Il n'est pas jusqu'aux condescendances de son caractère politique qui n'aient trouvé leur excuse dans les entraînements ou les difficultés de son temps, et dans l'incontestable pureté de ses sentiments personnels. Rare et remarquable témoignage de l'ascendant que conserve sur une société sceptique et déréglée la droiture servie par l'intelligence, et qu'il faut également honorer dans celui qui sut l'exercer et dans le siècle qui en comprit et en accepta l'influence.

Jean-Étienne-Marie PORTALIS était originaire d'une famille de haute bourgeoisie établie depuis très-longtemps en Provence, où elle florissait dès le commencement du seizième siècle. Les annales de cette province parlent de plusieurs de ses membres qui s'étaient fait remarquer honorablement dans l'exercice des fonctions publiques. L'un d'eux, Jacques Portalis, consul de Toulon et lieutenant du gouverneur de cette ville lors de la trop fameuse peste de 1720, reçut en 1725 des lettres de noblesse *de propre mouvement*, pour le zèle et le dévouement qu'il avait montrés en ces douloureuses circonstances. Étienne Portalis naquit le 1er avril 1746, au Bausset, près de Toulon, dans une localité qui, depuis plus de trois siècles, n'avait cessé d'être le principal manoir ou le berceau de ses ancêtres. Son père, professeur de droit canonique à l'université d'Aix, imprima à ses premières études une direction aussi solide qu'éclairée. Le jeune Portalis étudia successivement chez les Oratoriens de Toulon et de Marseille, annonça partout d'heureuses dispositions, et, par dessus tout, une aptitude marquée pour les sciences philosophiques. On distingua chez lui, dès lors, cette présence d'esprit et ce rare talent d'improvisation qui contribuèrent si puissamment quelques années plus tard aux succès de sa carrière publique. Il ne se fit pas moins remarquer par la tendance ouvertement religieuse de ses mœurs et de ses opinions, à une époque où la société française professait une incrédulité à peu près générale sur les vérités du christianisme. Portalis demeura fidèle jusqu'au dernier soupir à ces premières impressions de sa famille et de sa jeunesse, et cette indéfectible constance semble lui assigner un rang à part dans ce groupe d'hommes d'élite qui ont inauguré avec tant d'éclat les commencements du dix-neuvième siècle.

A peine sorti du collège et âgé de dix-sept ans au plus, Portalis manifesta ses sentiments à cet égard dans deux opuscules où l'on découvre avec intérêt le germe des qualités brillantes qu'il devait développer dans le cours de sa vie. Le premier, imprimé en 1762, sous ce titre : *Des Préjugés*, indique un libre penseur et un penseur nourri dans les spéculations de la morale la plus pure. L'auteur passe successivement en revue les *préjugés d'usage*, les *préjugés du siècle*, les *préjugés de système* et ceux de *parti* et de *politique*, et démontre que ces idées préconçues, qui procèdent de l'origine et de l'éducation, des rapports sociaux, s'évanouissent aux plus simples lueurs de la réflexion et de la raison. L'autre écrit, publié l'année suivante, contient une critique mesurée, mais ferme et hardie, de l'*Émile* de Rousseau. Chaque ligne y décèle un chrétien éclairé, plein de modération et de tolérance, mais inviolablement attaché à la foi de ses pères. Dans cette ébauche, où la religion est envisagée surtout par son côté moral et applicable, commence à poindre l'austère écrivain qui tracera plus tard avec tant de sûreté la ligne de séparation entre l'usage et l'abus de l'esprit philosophique ; les contradictions du sophiste génevois y sont relevées avec cette netteté de langage qui est le signe à la fois et le privilége de la netteté de conviction. Nous n'en citerons qu'un exemple. « Je ne demande pas à Dieu, avait dit Rousseau, le pouvoir de bien faire ; pourquoi lui demander ce qu'il m'a donné ? — M. Rousseau ignore-t-il, répond Portalis, que ce n'est pas le pouvoir de bien faire que nous demandons à Dieu, mais l'heureuse facilité de faire le bien? » Ces deux essais, dont le style trahit d'ailleurs une plume novice et inexpérimentée (1), furent critiqués avec un acharnement qui ne surprit ni ne déconcerta l'auteur. « Il faut savoir être content, dit-il avec une modestie bien rare à son âge, de ceux qui nous apprennent à être mécontents de nous-mêmes (2). »

Portalis fit ses études en droit à l'université d'Aix, et débuta à dix-neuf ans au barreau de ce Parlement, l'un des plus renommés de France pour son savoir et son intégrité. Il y conquit dès le principe une place distinguée par l'éclat de sa parole et l'étendue de ses connaissances. Ses débuts furent remarquables surtout par l'espèce de révolution qu'il fit subir aux procédés oratoires alors en usage dans ce siège, comme dans la plupart des autres barreaux du royaume. Une méthode plus large et plus philosophique, d'heureux et savants développements appliqués aux causes qui semblaient le moins susceptibles d'intérêt, une

(1) Ces deux opuscules, devenus très-rares, ne comportent point un travail d'analyse. Nous nous bornerons à en extraire les maximes suivantes, qui donneront une idée de la manière et de la finesse d'observation du jeune écrivain:

« Quand la raison n'a pas de frein, l'erreur n'a point de bornes.

« La vérité trahit ceux qui la combattent; on ne saurait l'attaquer qu'on ne lui fournisse des armes pour vaincre.

« Par une bizarrerie déplorable, le peuple méprise les passions qu'il inspire, et respecte la vertu qu'il combat.

« Un enthousiaste ne cherche point dans les ouvrages divins ce qu'il faut croire, mais ce qu'il croit; il n'y démêle point ce qui s'y trouve, mais ce qu'il y cherche. »

(2) Notice, etc., par M. le comte Portalis.

diction pleine de goût et d'élégance, un dédain marqué pour les vaines subtilités de l'école, révélèrent tout d'abord l'apparition d'un esprit supérieur, et la suite ne tarda pas à justifier ces favorables pressentiments.

Cette réforme offrait beaucoup d'analogie avec celle que d'Aguesseau, avocat-général, avait introduite, moins d'un siècle auparavant, au parquet du Parlement de Paris. Mais le jeune orateur ne possédait point, pour la faire prévaloir immédiatement, l'expérience et l'autorité de son illustre devancier. L'esprit de routine, si puissant dans un barreau de province, sema ses premiers pas de contradictions et d'obstacles. Un ancien jurisconsulte auquel Portalis, encore étudiant, parlait des fragments de Cicéron sur les *Lois*, lui dit un jour : « Jeune homme, voulez-vous devenir un avocat *causé*, lisez, lisez les savants commentaires de Barthole, lisez Rubœus *de Testamentis* et Mascardus *de Probationibus*, et surtout ces vieux routiers Fachinœus et Farinaccius, qui ont envisagé les questions *ad utramque partem*. Tout cela vous fera plus de profit que les rêveries des philosophes et du *bonhomme* Cicéron » (1). Cette persistance opiniâtre dans les pratiques anciennes était partagée par la plupart des membres du Parlement. Cette compagnie, affectant une rigueur presque inusitée, refusa au débutant, lors de sa première plaidoirie, le compliment d'usage, quoi qu'il eût été re-

(1) Notice de M. le comte Portalis, p. 6.

quis par les gens du roi. Mais l'ardeur de Portalis ne fut point découragée par cette disgrâce. Un vieux praticien, au sortir de l'audience, l'ayant exhorté à changer sa manière s'il voulait réussir : « C'est le barreau, monsieur, lui répondit le jeune orateur, dans une présomptueuse mais prophétique confiance, qui a besoin de changer son allure, et non pas moi. » Mais telle était, dit un magistrat de nos jours, « la candeur et la simplicité de caractère de Portalis, la douceur et la franchise de ses manières, que la jalousie fut bientôt désarmée, et qu'il ne tarda pas à acquérir l'amitié des savants jurisconsultes dont il allait éclipser la renommée » (1). Les avocats les plus réputés, tels que les Pascalis, les Colonia, les Siméon, les Pazery ; les magistrats les plus recommandables, tels que MM. de Monclar et de Castillon, lui accordèrent leur estime et leur bienveillance, et Siméon se l'attacha plus étroitement encore en l'unissant à sa fille, dont le frère, moins jeune que lui de trois ans, suivait également avec éclat la même carrière.

Les exercices du barreau n'empêchaient point Portalis de prendre part aux débats qui agitaient en ce moment les esprits. La lutte engagée entre le sacerdoce et la magistrature créait deux partis rivaux qui, selon le langage de Portalis lui-même, « se provoquaient en tout, ne se pardonnaient rien, s'entrechoquaient sans cesse, et qui prenaient la dureté pour

(1) Discours prononcé par M. Emm. Poulle, premier président de la cour d'Aix, lors de l'inauguration de la statue de Portalis.

la vertu et l'opiniâtreté pour la constance » (1). Dans un petit écrit sur la *Distinction des deux puissances* (1765), il établissait avec une haute sagesse les principes que, quelques années après, dans un sphère moins circonscrite, on le vit appliquer avec tant de mesure et de fermeté. L'indépendance de ses doctrines émut toutefois certains esprits méticuleux ou exagérés; l'auteur fut attaqué sans ménagement et sans bonne foi; un évêque crut même trouver dans sa dissertation quelques propositions dignes de censure. Portalis dissipa facilement ces hostilités dans une réponse claire, substantielle, et qui ne persuada pas moins par la modération du langage que par la solidité de l'argumentation.

D'autres travaux vinrent bientôt alimenter cette infatigable et féconde activité.

Parmi les questions qui préoccupaient alors l'opinion publique et le gouvernement, il n'en était point de plus importante, de plus délicate et de plus controversée que celle de la validité des mariages protestants. Tout le monde sait que les calvinistes, placés encore, au déclin du dix-huitième siècle, sous le coup de la révocation de l'édit de Nantes et des dispositions de l'édit de 1767, ne pouvaient, civilement parlant, contracter que des unions imparfaites. Quelques tribunaux, adoucissant la sévérité de cette législation exceptionnelle, avaient admis la possession d'état. Mais cette jurisprudence était loin d'être uni-

(1) Des *Préjugés*, etc., p. 10.

forme; la magistrature accordait généralement peu de faveur à ces mariages, et l'on contestait la légitimité des enfants qui en étaient issus. En 1767, dans une cause sur laquelle son talent oratoire avait fixé l'attention publique, l'avocat-général Servan s'était élevé avec chaleur contre un état de choses qui blessait également l'équité naturelle et la tolérance civile; son réquisitoire avait fait bruit; mais la question restait indécise, lorsque le gouvernement de Louis XV crut devoir appeler sur ce point les méditations du barreau de Provence. Le duc de Choiseul, ministre dirigeant, presque à la veille de sa disgrâce, fit demander à Portalis un avis motivé. Le jeune légiste répondit par une consultation largement développée. Il démontra qu'aucune loi n'obligeait les protestants à se conformer aux institutions catholiques sur le mariage, et que la bonne foi constatée des conjoints suffisait pour faire déclarer la validité de leurs liens. Bien que conforme aux principes de la plus rigoureuse orthodoxie, ce travail, que distinguaient d'ailleurs une érudition solide et une sage tolérance, obtint le suffrage de Voltaire. Le patriarche de Ferney y vit « un véritable traité de philosophie, de législation et de morale politique, » et, ce qui est plus concluant encore, il annota de sa propre main le manuscrit qui lui fut communiqué par M. Moultou, de Genève (1). Linguet en parla également avec éloge

(1) Quelques-unes de ces annotations sont fort piquantes et tout-à-fait, malgré leur brièveté, dans le tour d'esprit frondeur et sarcastique de Vol-

dans son mémoire pour madame de Bombelles. Cette consultation, qui porte aussi la signature du savant jurisconsulte Pazery, fut publiée simultanément (octobre 1770) à Paris, à La Haye et à Genève, et plusieurs éditions s'en écoulèrent rapidement. Elle eut une grande part à l'édit de 1787, lequel fixa d'une manière définitive en France le sort des mariages des calvinistes.

Par une faveur exceptionnelle pour son âge, Portalis fut élu en 1778 aux fonctions importantes d'assesseur d'Aix, procureur du pays de Provence. Des quatre magistrats revêtus de ce titre, c'était sur l'assesseur d'Aix que reposait presque exclusivement le fardeau de l'administration provinciale. Conseil et guide des consuls chargés avec lui de veiller à l'exécution des lois, de régler la répartition des impôts, de pourvoir à l'entretien des routes, à la régie des intérêts communaux, l'assesseur était, dit un éloquent écrivain (1), « l'agent suprême de la province. »

Portalis renonça pendant deux ans à l'exercice de la plaidoirie pour se dévouer tout entier à ses fonctions. Cette nouvelle épreuve de la vie publique lui

taire. Ces annotations sont précédées de quelques lignes de préambule que je transcris littéralement : « Si les avocats sont assez courageux pour signer cette Dissertation, si les juges sont assez sages et assez hardis pour faire une loi nouvelle, je me fais porter en litière, tout mourant que je suis, et je vais les remercier; je leur dirais : *Nunc dimittis*, etc. Les hommes seraient-ils devenus raisonnables? Par Dieu, je voudrais bien voir la sotte révocation de l'édit de Nante (*sic*) bernée. » Le manuscrit de Portalis, ainsi annoté, est demeuré au pouvoir de sa famille.

(1) Notice sur le comte Siméon, par M. Mignet (25 mai 1844).

procura de nouveaux titres à l'estime de ses compatriotes en attirant sur lui la confiance du gouvernement. Son zèle et ses talents parurent bientôt avec assez d'éclat sur ce théâtre secondaire pour que le ministère songeât à les employer dans un poste plus élevé. Il fut question de placer Portalis à la tête d'une administration générale des pays d'États, dont M. Necker méditait alors la création. Mais les circonstances ne lui permirent pas de donner cours à ce projet.

Portalis usa judicieusement de cette double influence dans l'intérêt de la contrée à laquelle il en était redevable. Ses observations firent supprimer les immunités accordées à l'ordre de Malte, et modérer celles dont le clergé et la noblesse étaient en possession. Il perfectionna le régime des impositions et établit un meilleur ordre dans la direction des travaux publics. Ce fut sur ses représentations que les États de Provence, dans leur assemblée de 1779, provoquèrent un règlement qui eut pour objet de diminuer la dépense des gens de guerre et de la mettre en rapport avec les privilèges particuliers du pays. Il prit aussi la plus grande part à l'organisation générale des *Vigueries* (1) dans lesquelles se subdivisait le comté

(1) On nommait ainsi, dans les provinces de la Provence et du Languedoc, certains arrondissements composés d'un chef-lieu et de plusieurs communautés qui en dépendaient, et qui correspondaient avec lui pour l'expédition des affaires. Ces communautés réunies formaient ce qu'on appelait *Corps de pays*, pour les distinguer des *terres adjacentes*. L'administration des vigueries, du nom de *viguier*, *vicarius*, n'était qu'un démembrement de celle du Pays ; mais elle était soumise à l'inspection des procureurs du Pays.

de Provence, et qui fut arrêtée dans la même assemblée. Cette organisation subsista jusqu'à la révolution de 1789.

Un an environ après l'expiration de son mandat, en 1782, Portalis fut député à Paris par sa province, pour y accélérer la décision de plusieurs affaires importantes. L'amitié de M. de Boisgelin, archevêque d'Aix (1), et la bienveillance du prince de Beauvau, gouverneur de Provence, concoururent au succès de ses démarches, qui amenèrent des résultats essentiels pour les intérêts de ses commettants. On cite entre autres la révocation d'un impôt nouvellement établi sur les huiles, cette branche si importante de l'industrie provençale. Il reprit en 1783 l'exercice de sa carrière de jurisconsulte, et la continua sans interruption jusqu'à la révolution française.

Parmi les causes importantes auxquelles Portalis prêta à cette époque l'appui de son talent, deux surtout méritent une mention particulière.

Un jeune chevalier de Malte ayant excité quelque trouble au théâtre de Marseille, M. le marquis de Cipières, maire de cette ville, crut devoir diriger des poursuites contre lui. L'ordre irrité prit une délibéra-

Les vigueries s'assemblaient annuellement dans leurs districts respectifs pour y traiter de leurs affaires particulières. A l'époque de la révolution de 1789, la Provence comptait 32 vigueries. On peut recourir, pour de plus amples détails, au *Traité sur l'administration de Provence*, par l'abbé de Coriolis; Aix, 1788.

(1) Portalis, devenu plus tard Ministre des cultes, éprouva une vive satisfaction à faire décorer de la pourpre romaine ce digne et respectable prélat.

tion qui privait à tout jamais ce magistrat et ses descendants du droit d'être admis dans ses rangs. Portalis conseilla d'appeler comme d'abus de cette délibération *ab irato*. Il fit plus : il en provoqua l'annulation par un mémoire plein de recherches curieuses et savantes sur l'origine et la constitution de l'ordre de Malte, ainsi que sur le caractère et les limites de sa souveraineté. Ce résultat déplut vivement aux chefs de cette compagnie. Le grand-maître porta au roi, par l'entremise de son ambassadeur, des plaintes amères contre Portalis. Mais le Parlement d'Aix et les autres corps publics de la province le défendirent avec vigueur, et le comte de Vergennes, ministre des affaires étrangères, adressa au jeune jurisconsulte, de la part de Louis XVI, les plus honorables félicitations (1).

Ce fut peu de temps après, que le Parlement d'Aix eut à connaître du procès en séparation de corps et de biens intenté par la comtesse de Mirabeau au dissipateur célèbre qui devait, quelques années plus tard, prêter un concours si actif à la destruction de la monarchie. Mariée en 1772 au comte de Mirabeau, Marguerite-Émilie de Marignane, riche héritière d'une famille considérable de la Provence, n'avait point rencontré le bonheur dans cette union. Les violences et les prodigalités de son époux s'étaient graduellement élevées à un tel excès de scandale, que le marquis de Mirabeau avait cru devoir provo-

(1) Notice, etc., par M. le comte Portalis.

quer une lettre de cachet contre son fils. Mais la persécution ne fit qu'aigrir ce caractère fougueux et indomptable. Transféré du château d'If au fort de Joux, puis au donjon de Vincennes, Mirabeau ne recouvra la liberté qu'au bout de quatre ans de détention. A son retour en Provence, il invita sa femme à se réunir à lui. Ses instances étant demeurées sans effet, il s'adressa aux tribunaux pour l'y contraindre. La comtesse répondit par une demande en séparation; six avocats du barreau d'Aix y adhérèrent par une consultation écrite, et Portalis fut unanimement désigné pour la soutenir. Son attitude en cette ciconstance a donné lieu à une version fort accréditée. On a prétendu que, pour suppléer à l'insuffisance juridique des griefs de sa cliente, il avait, sous les yeux même de ses juges, poussé son irascible adversaire à des emportements propres à le compromettre. La loyauté du caractère de Portalis résiste à la supposition d'un tel stratagème. Voici, d'après des informations que nous croyons exactes, à quoi se réduit la réalité de cet incident. Portalis avait publié contre Mirabeau le mémoire devenu célèbre où il l'attaquait dans ses sentiments de fils, d'époux, de père et de citoyen, sans exciter en lui aucune exaspération apparente. Mais Mirabeau s'étant procuré une communication infidèle des conclusions de l'avocat-général qui devait porter la parole, il entreprit de les combattre d'avance ; et, dans la chaleur du débat, il produisit une correspondance qui, à tort ou à raison, incriminait ouvertement la conduite de sa femme. Toute réconciliation entre les deux époux parut impossible après un tel éclat ; la cause de madame de Mirabeau fut dès lors irrévocablement gagnée, et le Parlement, par son arrêt, qui eut lieu le 5 juillet 1783, ne fit que sanctionner l'impression publique (1).

Mirabeau n'eut point l'âme assez haute pour surmonter le dépit qu'il éprouva d'une défaite plus dommageable à sa fortune qu'à sa renommée. Six ans plus tard, les États-Généraux étaient convoqués, et l'acclamation publique, d'accord avec l'intérêt de la monarchie, conviait naturellement Portalis à siéger dans cette assemblée. Mais l'influence vindicative de Mirabeau avait grandi sur le sol agité de Provence, et son ressentiment s'était fait complice de sa politique. Le tribun dont le génie formidable allait saper l'antique trône de France, fit écarter de la députation, dans son ancien antagoniste, un des hommes les plus propres par ses talents et son caractère à en modérer les ébranlements.

Portalis obtint moins de faveur dans l'action intentée en 1771 au fameux Beaumarchais par le comte de La Blache, légataire de Pâris Duverney, fondateur et intendant de l'école militaire. Les détails

(1) Dans un livre récemment publié sur la *Fin de la Constitution provençale*, M. Charles de Ribbe, avocat du barreau d'Aix, attribue à Pascalis, jurisconsulte distingué du Parlement de Provence, l'idée première du stratagème dont on a fait honneur à Portalis. Cette variante ne fortifie point la supposition que j'ai combattue. J'ai relu d'ailleurs avec soin le mémoire publié par lui, et je n'y ai trouvé aucun caractère de provocation condamnable, rien qui excède les bornes d'une énergique mais légitime défense.

de ce procès, récemment éclairé par de curieuses recherches (1), n'appartiennent point à notre sujet. Nous nous bornerons à rappeler que l'objet du débat était un règlement de comptes entre Duverney et Beaumarchais, produit par ce dernier après la mort de Duverney, et par suite duquel le célèbre écrivain se portait créancier d'un reliquat de 15,000 francs. Le comte de La Blache incriminait cet acte comme entaché de faux et comme offrant d'ailleurs tous les caractères du dol et de la fraude. La conséquence de sa demande en révision était une répétition de sommes considérables dont Beaumarchais, comme on le voit, avait un puissant intérêt à contester l'origine et le fondement. Le comte de La Blache perdit son procès en première instance, mais il le gagna au Parlement de Paris. L'arrêt de cette compagnie fut, à son tour, cassé par le Conseil, et les parties renvoyées devant le Parlement d'Aix, qui, par une sentence définitive du 21 juillet 1778, au bout de sept ans de contestations (2), condamna le comte de La Blache sur tous les points. Portalis, avocat du comte, écrivit à cette occasion un mémoire qui ne reçut aucune publicité. Ce différend, assez aride en soi, fut le germe du fameux débat de Beaumarchais contre le conseiller Goësmann, membre prévaricateur de ce Parlement Maupeou que sa servilité avait livré aux sarcasmes

(1) *Beaumarchais et son temps*, par M. de Loménie, tome 1.

(2) Les débats devant le Parlement d'Aix occupèrent à eux seuls *cinquante-neuf* audiences.

de la malignité publique. L'incident scandaleux qui inspira à l'auteur du *Mariage de Figaro* ces libelles où l'esprit est prodigué avec une si cruelle abondance, répandit sur le fond même de la contestation une impression fâcheuse ; mais cette impression fut passagère, et ne s'étendit point d'ailleurs à la personne du client ni à celle de son défenseur.

Parmi les autres travaux de Portalis (1), nous citerons une dissertation approfondie sur la nullité du mariage pour cause d'impuissance ; un plaidoyer à propos du baptême des adultes, dans lequel on voit avec intérêt le futur ministre des cultes tracer soigneusement la ligne de démarcation entre les droits des curés et l'autorité des évêques ; un mémoire contre l'établissement des conservateurs d'hypothèques dans le comté de Provence, et par suite duquel l'édit d'institution fut révoqué ; un autre mémoire contre le rétablissement des anciens États de Provence ; enfin, une *Lettre au garde des sceaux*, sur la révolution opérée dans l'État par l'archevêque de Sens, et que l'auteur fit suivre d'un *Examen impartial* des édits du 8 mai

(1) Les travaux judiciaires de Portalis, recueillis avec soin par sa famille, ne forment pas moins de *quarante-trois* volumes in-4° manuscrits, dont 21 se composent de plaidoyers et discours, et 22 de mémoires et de consultations. *La plupart de ces ouvrages sont écrits de sa main.* Je n'ai dû mentionner que ceux de ces travaux qui se rattachent à un intérêt historique. Sa correspondance administrative forme trois gros volumes in-4°, et témoigne d'une singulière faculté d'application aux matières les plus diverses et les plus compliquées. Il est impossible de la parcourir sans être touché de l'esprit de sollicitude et d'honnêteté qui y règne. La presque totalité de cette volumineuse correspondance est également de la main de Portalis.

1788. L'importance de ces derniers travaux exige que nous entrions dans quelques développements préliminaires.

Les États de Provence étaient suspendus depuis 1639, et cette interruption, quoiqu'elle eût pris sa source dans le despotisme ombrageux du cardinal de Richelieu, avait été un bienfait pour la contrée entière. A dater de cette époque, l'impôt était consenti et les affaires de la province étaient traitées dans une assemblée générale des communautés, qui se réunissait habituellement dans la petite ville de Lambesc, et où le clergé et la noblesse comptaient un certain nombre de députés. Cette assemblée, tenue en présence du commandant et de l'intendant de la province, et présidée par l'archevêque d'Aix, suffisait à la représentation locale. L'administration de la province, affranchie de l'influence dominatrice des deux ordres privilégiés, avait marché d'un pas rapide dans la voie des améliorations ; elle avait été souvent citée comme un modèle d'intelligence, d'économie et de moralité. En 1787, après la première réunion des notables, la noblesse de Provence, cédant à l'esprit du temps, sollicita le rétablissement des États, et Portalis fut consulté par le gouvernement sur le parti qu'il convenait de prendre. Dans un mémoire étendu (1), rempli de recherches savantes et de considérations judicieuses,

(1) Ce mémoire, qui n'a jamais été imprimé, se compose de 210 pages in-folio.

il n'hésita pas à se prononcer, ou pour le maintien de l'ordre existant, ou pour de profondes modifications dans l'organisation des anciens États. Il fit remarquer avec raison que, dans une administration qui avait des droits à exercer et à défendre, des traités à consentir, des impôts à lever, il fallait provoquer le concours d'hommes directement intéressés à la bonne gestion des affaires publiques, et que le clergé et la noblesse, exempts depuis 1639 des charges qui pesaient sur l'ordre du tiers-état, ne présentaient, dans les conditions actuelles, ni ce caractère, ni ces garanties. Pour rendre aux deux premiers ordres la prépondérance qu'ils exerçaient dans les anciennes assemblées, il était donc indispensable qu'ils contribuassent proportionnellement à tous les subsides exigés par le souverain pour le service de l'État. Car, « dans un système d'uniformité, concluait le sage publiciste, c'est le bien qu'il faut rendre uniforme, et non l'abus ou l'erreur. »

Mais les judicieux conseils de Portalis ne purent prévaloir contre l'entraînement des esprits. Les États furent rétablis avec leur organisation primitive, et cette mesure enfanta des secousses intérieures qui se perdirent bientôt dans la grande commotion de 1789.

Dans sa *Lettre au garde des sceaux* sur les réformes opérées par l'archevêque de Sens, Portalis ne fit que se rendre l'organe de l'ordre auquel il appartenait. Personne n'ignore que ces réformes furent suscitées par les résistances condamnables que le Parlement de Paris, depuis son rappel, n'avait cessé d'opposer aux volontés royales. Trop fidèle aux traditions de ses devanciers, ce Corps, qui s'était soumis sans murmure à son abaissement sous les plus absolus de nos rois, n'avait retrouvé d'énergie que pour lutter contre un pouvoir faible, irrésolu, engagé dans de graves complications extérieures, et menacé au dedans par la fermentation croissante des esprits. Ces résistances s'étaient déclarées à l'occasion de l'impôt sur le timbre, impôt dont le produit avait surtout pour objet de couvrir les énormes dépenses occasionnées par la guerre d'Amérique. Le Parlement de Paris, oubliant mal à propos qu'il n'avait cessé, depuis son institution, de sanctionner de semblables tributs, s'était refusé avec opiniâtreté à l'enregistrement qu'on lui demandait, sous prétexte que, « aux États-Généraux seuls appartenait la concession des subsides. » Cet exemple avait été imité par la plupart des autres Parlements du royaume et par les Cours des aides et des comptes de Paris. Vaincue en apparence par un exil sans rigueur, par un rappel honorable et par le retrait de l'édit contesté, l'opposition parlementaire n'avait point désarmé. Elle s'était redressée contre la proposition d'un nouvel emprunt, sans tenir aucun compte de la promesse solennelle d'une convocation des États-Généraux dans l'année 1792. C'est en ces circonstances que les édits préparés dans l'ombre par le ministère à bout de voie, avaient fait leur brusque apparition sur la scène politique.

Ce qu'on pouvait reprocher au coup d'État du comte de Brienne, c'était une témérité sans franchise. La mutilation du pouvoir parlementaire par la création de grands bailliages, et l'innovation d'une Cour plénière unique chargée d'enregistrer les édits du pouvoir royal, constituaient des expédients politiques plutôt que des actes d'autorité proprement dits. Ces mesures durent émouvoir les parlements et les barreaux du royaume. Elles répandirent la consternation dans la ville d'Aix et dans la province entière. Le barreau réuni délibéra des remontrances, et Portalis accepta l'importante mission d'en faire retentir l'expression jusqu'aux abords du trône. Sa *Lettre au garde des sceaux*, imprimée à Aix en 1788, est écrite avec une fermeté respectueuse, et se distingue par les sentiments et par le style, de la plupart des productions qu'inspira cette tumultueuse époque. Indépendamment des considérations générales que Portalis oppose aux édits du ministère, il se prévaut très-judicieusement de la constitution particulière de la Provence, chez laquelle le roi n'est admis à faire les lois qu'à titre d'héritier des comtes souverains du pays, et des termes mêmes du traité qui l'a réunie et non *subalternée* à la couronne de France. « Toute loi préparée *hors du pays*, dit-il, vient d'une *terre étrangère* et a besoin d'être *naturalisée* par l'examen des magistrats locaux, qui ne doivent même procéder à l'enregistrement d'aucune loi nouvelle sans entendre les procureurs du pays et les représentants des trois ordres. »

Dans l'*Examen impartial* des édits du 8 mai, publication exclusivement propre à l'auteur, Portalis traite les mêmes questions avec plus d'étendue et de liberté. On y remarque une dissertation approfondie sur les vieux principes du gouvernement français, et des théories aussi neuves qu'intéressantes sur l'origine et l'exercice de la puissance publique. Une distinction capitale, hardiment formulée, domine toute l'argumentation de l'écrivain : tout puissant pour édicter les lois sur la police, le commerce, les successions entre particuliers, les mœurs et les actions des citoyens, le monarque, « toujours plus petit que son État, » ne peut attenter arbitrairement aux lois *constitutionnelles* du royaume. » Or, le droit de vérification attribué aux parlements présente essentiellement ce caractère. L'institution même de ces cours souveraines n'est point une émanation du pouvoir royal, mais le maintien d'un ordre séculaire, ou l'exécution fidèle des traités stipulés avec les provinces qui ont successivement grossi le territoire français. Entreprendre sur des droits ainsi consacrés est donc un abus évident de la force, un de ces coups d'autorité « qu'il est rarement utile et qu'il n'est jamais licite d'exercer. » Portalis développe ensuite avec une judicieuse abondance, dans le triple intérêt du prince, des magistrats et des peuples, les avantages de ce contrôle salutaire que Richelieu appelait les *épines* des compagnies. Enfin, il démontre les infirmités, les illusions, les périls du plan proposé, qu'il regarde comme le tombeau de la liberté nationale, et, par la lésion du pouvoir monarchique, comme le principe d'un bouleversement complet. Tel est l'esprit de cette argumentation méthodique, serrée, puissante, mais à laquelle on peut reprocher un officieux silence sur les torts des parlements et sur les inextricables embarras qu'ils avaient progressivement créés à l'autorité royale.

Ces opuscules politiques, dont les événements postérieurs ont affaibli l'importance, n'offrent d'ailleurs, et ce point vaut qu'on s'y arrête, aucune trace de cette fièvre d'innovation qui passionnait alors les esprits. Le souffle de 1789 ne s'y fait point sentir, et Portalis combat les entreprises du pouvoir par amour même pour l'antique monarchie française, qu'il aspire à éclairer, à réformer dans une certaine mesure, et non point à ébranler. Nous aurons plus tard l'occasion de revenir sur cet esprit de sagesse et de modération qui, même aux jours les plus orageux de nos perturbations politiques, ne cessa de constituer le trait dominant de son caractère (1).

(1) Nous pensons qu'on lira avec intérêt, à l'appui de cette observation, les maximes qu'exposait Portalis quelques années plus tard, dans son principal ouvrage, sur le droit d'insurrection :

« L'insurrection, disait-il, est trop contraire à tous les devoirs, pour pouvoir être jamais transformée en droit ; elle n'est et ne peut être qu'un crime, et le plus grand de tous, car il viole la paix publique au plus haut degré. Comment pouvoir espérer, en effet, de rétablir l'empire de la justice par la violence ; d'obtenir le redressement des abus par des excès qui sont eux-mêmes le plus condamnable abus de la force ; de rentrer dans l'ordre légal par le déchaînement des passions d'une multitude que cet ordre n'a pour objet que de contenir ?... Il faut des maux bien grands, bien extrêmes, bien intolérables pour autoriser l'idée d'un changement toujours funeste, toujours marqué par les plus violents orages, pour légitimer une

Étranger à toute préoccupation de parti, Portalis partageait ses loisirs entre l'éducation de son fils (1) et la composition à peine ébauchée d'un grand ouvrage sur les *Sociétés politiques*, lorsque survinrent les premiers événements de la révolution.

révolution qui attaque les sources mêmes de toute légitimité. *Si la liberté*, a dit un philosophe de ce siècle, *ne devait coûter que la vie d'un seul homme, il ne faudrait pas même l'acheter à ce prix*. Or, il est certain que les révolutions coûtent la vie à des millions d'hommes, compromettent le repos, la fortune et l'existence sociale de tous; il est au moins douteux qu'elles aient pour résultat de procurer aux peuples qui s'y livrent, cette liberté désirable qui vient de l'opinion qu'on a de la sûreté et de la stabilité de la position. Il est donc faux qu'un peuple puisse changer ou abroger à volonté son gouvernement et sa constitution. » (*De l'Usage et de l'Abus de l'esprit philosophique*, ch. 28.)

(1) Joseph-Marie Portalis, qui fut conseiller d'État, ministre, premier président de la Cour de cassation, etc., né le 19 février 1778, alors âgé de dix ans environ.

DEUXIÈME PARTIE.

La Révolution française. — Belle conduite de Portalis. — Sa retraite. — Son arrestation. — Sa délivrance. — Il est élu membre du *Conseil des Anciens*. — Ses discours sur la *liberté de la presse*; sur *l'exclusion des émigrés*; sur les *prêtres réfractaires*; sur les *naufragés de Calais*. — Il est appelé à la présidence du Conseil. — Il est proscrit au 18 fructidor. — Son séjour en Suisse. — Dans le Brisgau. — A Emckendorf, dans le Holstein. — Mariage de son fils avec mademoiselle de Holck.

(1789—1798.)

La révolution française, cette épreuve fatale à tant de caractères, mit en relief tout ce qu'il y avait chez Portalis d'élévation et de véritable courage. Sa fidélité envers ses anciens amis ne se démentit point en face de la position périlleuse que les circonstances avaient faite à la plupart. MM. de La Tour, premier président du Parlement d'Aix, et l'abbé de Boisgelin, notamment, éprouvèrent plus d'une fois les bons effets de son zèle et de son influence. Cette influence se signala bientôt par un fait caractéristique que nous laissons raconter au plus illustre et au mieux informé de ses biographes :

« La procédure criminelle était devenue publique. Suivant une loi de l'Assemblée constituante, on donnait des conseils et des défenseurs aux accusés. Dans un tumulte populaire, deux dragons du régiment *du*

Roi, assaillis par une multitude égarée, avaient tué un paysan en se défendant ; ils furent arrêtés. La chambre des vacations du Parlement, qui subsistait encore, devait les juger : elle leur donna Portalis pour défenseur. Au jour fixé, la population entière s'émeut ; elle menace de massacrer les accusés si les juges ne les déclarent pas coupables. Des murmures circulent contre les défenseurs dans un auditoire turbulent et mal intentionné. Portalis s'en aperçoit : avant d'adresser la parole aux magistrats, il se tourne vers le peuple ; il l'avertit en peu de mots que la liberté du ministère qu'il remplit importe à tous les citoyens, et que, dans l'intérêt de tous, nul ne doit être condamné sans avoir été défendu. Il obtient le silence, justifie les accusés, refuse les précautions qu'on voulait prendre pour sa sûreté, et se retire sans recevoir la moindre insulte (1). » Ce récit serait incomplet, si nous n'ajoutions que les magistrats qui venaient de rendre l'arrêt d'absolution et les accusés eux-mêmes n'échappèrent au ressentiment de la multitude qu'à la faveur des dispositions les plus méticuleuses.

Mais, à cette terrible époque, les ménagements de la multitude n'étaient que des trêves de courte durée. Portalis, se sentant de plus en plus impuissant à faire le bien et à conjurer l'orage qui grossissait rapidement, dut chercher dans la retraite une protection momentanée. Il se confina à la campagne, dans son

(1) Notice, par M. le comte Portalis.

manoir héréditaire des Pradeaux, éloigné de tout centre de circulation. Plusieurs ecclésiastiques menacés y reçurent pendant quelque temps aussi une secrète et courageuse hospitalité. En 1791, le gouvernement, qui penchait de plus en plus vers son déclin, fit offrir à Portalis de se charger, sous le titre de commissaire du roi, de l'organisation de l'un des trois départements dans lesquels la Provence venait d'être divisée. C'était une sauvegarde naturelle dans les circonstances critiques où l'on se trouvait. Mais le regret profond avec lequel Portalis avait vu périr l'antique constitution de sa province, ne lui permit pas d'accepter.

Au mois de février 1792, sa sûreté personnelle et celle de sa famille fut sérieusement menacée par des mouvements insurrectionnels. Portalis, qui ne pouvait se résoudre à quitter la France, prit le parti d'aller à Lyon, où sa réputation l'avait depuis longtemps précédé. Il s'y livra uniquement à l'exercice de la consultation, et prit soin de se tenir en dehors de tout débat politique. Mais la fortune refusa de seconder sa circonspection. Un de ses frères, Daniel-Auguste Portalis, capitaine du génie, impliqué dans les mouvements royalistes du camp de Jalès, émigré en 1791 (1), fut décrété d'accusation par l'Assemblée législative. Cette circonstance aggrava les suspicions auxquelles il était en butte. Portalis espéra les dé-

(1) Cet officier, auteur d'un ouvrage ébauché sur les *Reconnaissances militaires*, mourut en 1802 sous-directeur des fortifications à la Martinique.

tourner en obéissant au décret par lequel la Convention éloignait de la ville de Lyon tous les Français qui n'étaient pas nés dans ses murs. Cet acte de soumission n'empêcha point qu'il ne fût porté lui-même, ainsi que sa femme et son fils, sur la liste des émigrés. Après une retraite paisible mais momentanée à Villefranche, Portalis, chassé de ce nouvel asile par l'armée révolutionnaire (1), tourna ses regards vers Paris, espérant s'y dérober plus aisément aux recherches actives dont il était l'objet. Il arriva le 31 décembre 1793 dans la cité régicide; mais il y fut presque aussitôt reconnu et arrêté. Restait un dernier espoir. Portalis avait eu le bonheur de rencontrer un protecteur dans le nommé Desvieux, fils d'un maître de danse de la ville d'Aix. Ce compatriote, auquel il avait témoigné de l'intérêt dans sa jeunesse, occupait un rang dans la hiérarchie démagogique; il faisait partie de la Commune de Paris, et présidait le tribunal civil; il était l'ami de Robespierre. Portalis lui dut la faveur d'être conduit dans une maison de santé et d'échapper aux angoisses d'une captivité plus étroite et plus dure. Malgré tous ces ménagements, malgré des lenteurs adroitement calculées, il allait être livré au tribunal révolutionnaire avec un autre de ses frères, David Portalis, qu'on amenait des prisons de Grasse, lorsque la chute de Robespierre sauva la vie à l'un et à l'autre. Enveloppé dans la réaction

(1) Un jeune homme qui lui servait de secrétaire périt révolutionnairement.

du 9 thermidor, l'infortuné Desvieux suivit de près son patron sur l'échafaud.

La défaite du parti terroriste fut loin d'amener des résultats aussi prompts qu'on le suppose communément. Portalis ne recouvra la liberté qu'à la fin de 1794, sur les sollicitations réitérées de Durand Maillanne et du conventionnel Legendre, qui s'était fait ardent thermidorien après avoir appartenu aux rangs de la démagogie la plus exaltée. Redevenu libre, Portalis rouvrit son cabinet. A Paris, comme ailleurs, la considération publique s'attacha bientôt à ses travaux comme à son caractère. Un siège lui fut offert au Tribunal de cassation, nouvellement institué. Mais il préféra garder son indépendance et continuer, en l'agrandissant, son rôle auguste de défenseur des opprimés. Dans une brochure intitulée *De la révision des jugements* (1795), avec cette épigraphe :

« Ah! doit-on hériter de ceux qu'on assassine! »

il provoqua un des premiers la restitution des biens confisqués aux familles des victimes révolutionnaires, que la Convention prétendait retenir comme gage hypothécaire des assignats. « Des familles honnêtes, s'écriait-il avec indignation, se trouvent dépouillées de leur patrimoine par des jugements qui n'ont été que des crimes... Tout ne se borne pas dans ce moment à réparer des désastres, il faut encore former l'esprit public et rétablir la morale dans le gouvernement. L'iniquité est aussi mauvaise ménagère du crédit que de la puissance; nos finances ne doivent point être arrosées du sang innocent. » A coté de ces traits de justice et de moralité, la critique a admiré, dans le même opuscule, un tableau piquant des persécutions exercées pendant la Terreur contre toute espèce d'aristocratie : « On poursuivait les talents, on redoutait la science, on bannissait les arts; la fortune, l'éducation, les qualités aimables, les manières douces, un tour heureux de physionomie, les grâces du corps, la culture de l'esprit, tous les dons de la nature, étaient autant de causes infaillibles de proscription. Par un genre d'hypocrisie inconnu jusqu'à nos jours, des hommes qui n'étaient pas vicieux se croyaient obligés de le paraître (1). » Dans un autre mémoire également courageux, ayant pour titre : *Il est temps de parler*, Portalis s'efforça de faire relever la ville d'Arles de l'inqualifiable régime de proscription et de terreur que le gouvernement conventionnel lui avait infligé.

Cette ardeur si persévérante à poursuivre la réparation des excès révolutionnaires avait fixé sur Portalis l'estime et la considération de tous les hommes honnêtes : les circonstances vinrent y mettre le sceau d'une légitime popularité. Portalis, souvent invité à prendre la parole dans les séances de sa section, s'y était fait remarquer par la facilité et par l'intrépide modération de son langage. Sa réputation s'étendit bientôt. Nommé d'abord électeur, par l'assemblée primaire

(1) Portalis a reproduit presque littéralement ce morceau dans le chap. 31 de son grand ouvrage sur *l'Usage et l'abus de l'esprit philosophique*.

de la Seine, il fut élu député au Corps législatif par ce département, dans un esprit de résistance que n'avaient intimidé ni la contre-réaction révolutionnaire de vendémiaire, ni les commissions militaires dont les jugements atteignirent plusieurs membres de cette assemblée. Au même instant (mars 1795) le département du Var, son pays natal, lui conférait un semblable mandat, et celui des Bouches-du-Rhône revêtait du même titre Siméon, son beau-frère et son ami. Ce dernier prit place au Conseil des Cinq-Cents. Nés sur le même sol, initiés de bonne heure aux mêmes travaux, Portalis et Siméon avaient été séparés pendant quelques années par les orages révolutionnaires. Leurs principes politiques offraient plus d'analogie apparente que de conformité réelle. Siméon s'était associé au mouvement de 1789 avec une foi que son clairvoyant confrère n'avait jamais partagée. Des dissemblances plus ou moins tranchées se faisaient remarquer également dans leurs caractères, dans le degré de fixité de leurs croyances religieuses, et jusque dans les qualités de leur talent. Siméon rachetait par une science forte, un esprit actif et réglé, une dialectique acérée, un sens exquis, une rédaction rapide (1), les facultés oratoires qui distinguaient son brillant émule. Mais ces nuances d'esprit et de caractère s'effaçaient dans le sentiment d'une affection inaltérée, et dans l'intérêt d'une collaboration qui ne devait plus avoir d'autre terme que la mort.

(1) Notice sur M. le comte Siméon, par M. Mignet.

Appelé par son âge à siéger au Conseil des Anciens, Portalis y débuta par un acte d'énergie. Il refusa de se conformer à la disposition de la loi du 3 brumaire an IV, qui obligeait les nouveaux députés à déclarer qu'ils n'étaient point parents d'émigrés. La considération personnelle qu'il avait inspirée le préserva de l'exclusion que lui faisait encourir l'émigration de son frère. Il put donc donner en toute liberté de nouvelles preuves de la noblesse et de l'élévation de caractère auxquelles il devait cet acte de tolérance si remarquable de la part d'une assemblée révolutionnaire. Son exemple fut imité par les autres membres de la députation de Paris.

Depuis cette époque, on retrouve Portalis dans toutes les questions importantes qui furent agitées à la tribune législative jusqu'aux proscriptions du 18 fructidor. Peu favorable au gouvernement directorial, dont il déplorait la profonde immoralité, il combattit, mais sans succès, la création d'un ministère de la police générale, et la résolution qui l'autorisait à suspendre les administrateurs nommés par les électeurs. Mais s'il ne jugea pas convenable d'accroître les moyens d'action d'un pouvoir ombrageux et corrompu, il concourut à préserver l'ordre public d'une cause active et permanente de perturbation en provoquant (juillet 1797) la clôture des clubs et la dissolution des sociétés secrètes.

Le rapport que fit Portalis au Conseil des Anciens, le 26 germinal an V, touchant la liberté de la presse, mérite une mention plus détaillée. On sait quelle situation difficile avait faite au Directoire la coalition naturelle des journaux royalistes et anarchistes contre son existence, et combien il aspirait à s'affranchir des liens dans lesquels son action était de jour en jour plus étroitement resserrée. Boissy-d'Anglas crut devoir appeler l'attention des Cinq-Cents sur les dangers de cet état de choses, et une commission spéciale fut chargée de rechercher les moyens d'y porter remède. Mais des dissidences graves éclatèrent dans son sein ; aucune résolution ne put sortir de ses débats, et, comme les périls allaient toujours croissant, une discussion générale fut ouverte le 22 ventôse à ce sujet ; l'opinion favorable au maintien de la liberté de la presse, développée par M. de Pontécoulant, prévalut, et le gouvernement n'obtint que quelques dispositions insignifiantes qui n'améliorèrent point sa situation. Il provoqua de nouvelles mesures. Mais M. Daunou, organe d'une nouvelle commission, ne proposa que des règlements de police ou l'édiction de peines évidemment insuffisantes. Enfin, le 30 pluviôse suivant, un projet de loi répressif de la calomnie fut proposé par Siméon, adopté par les Cinq-Cents et envoyé au Conseil des Anciens, qui le fit examiner par une commission dont Portalis fut nommé rapporteur. Son rapport, qui fit écarter comme incomplète et arbitraire la résolution proposée, a été longtemps cité comme un modèle d'analyse et de discussion. Aujourd'hui même, après que ce vaste sujet a, pendant soixante ans, sollicité l'attention publique sous tant de formes et par des alternatives si diverses, l'observateur parcourt encore avec intérêt et avec fruit les développements de ce travail si éminemment philosophique, dont nous allons offrir quelques extraits.

« On ne peut contester à un être intelligent, dit Portalis, l'usage de son esprit, de son jugement et de sa raison : le droit de communiquer à autrui ce que l'on pense et ce que l'on sent est attaché à la nature d'un être sociable : tout homme peut donc penser, parler et écrire librement... Ce que nous présentons comme un droit raisonnable est encore une obligation sacrée ; car toute personne est redevable à sa patrie, à ses semblables, de ses talents, de ses connaissances, de ses observations, de ses lumières : c'est en cherchant à instruire les hommes que l'on peut pratiquer cette vertu générale qui comprend l'amour de tous ; la liberté de la presse dérive donc autant de la morale du citoyen que des droits de l'homme. » Portalis se préoccupe ensuite des abus inhérents à la faculté indéfinie d'écrire et de publier ; mais il oppose à ces abus les avantages attachés à la libre communication de la pensée : « Si la liberté de la presse, dit-il, peut quelquefois devenir un instrument redoutable dans les mains d'un factieux, elle sert bien plus souvent à déjouer les factions ; il est trop heureux que les méchants parlent et écrivent: leurs discours, leurs libelles donnent l'éveil. Le gouvernement peut agir avec promptitude, parce qu'il dispose des forces de l'État :

les factieux, les conspirateurs ne peuvent agir que lentement, parce que tout leur manque; pour peu qu'ils perdent du temps à combiner leurs projets, ils sont découverts et perdus... La liberté de la presse sert à déjouer tous les complots en les révélant; sous ce rapport elle a même influé, elle influe encore tous les jours sur la tranquillité générale des nations entre elles. Si dans nos temps modernes les grandes entreprises d'un État contre un autre État sont moins fréquentes que chez les anciens, c'est qu'elles sont plus difficiles à conduire, parce qu'il est impossible de les cacher... On ne néglige rien pour découvrir les mystères des cabinets et des cours : quand on s'aperçoit de quelques mouvements qui n'ont aucune cause connue, des milliers d'écrivains la cherchent, la trouvent et l'indiquent... Ainsi la politique est forcée partout à adopter un système de modération qui garantit la sûreté des petits États et qui maintient une sorte d'équilibre entre les grands. » L'orateur, examinant le système de répression applicable aux délits de la presse, combat d'abord l'opinion qui conclut à l'impunité de ses écarts, sous le prétexte frivole que « les citoyens ne pensent, ne parlent et n'écrivent qu'en vertu d'un devoir naturel; » il démontre sans peine que l'État et la société sont intéressés à ce que des écrits séditieux ne soient pas mis en circulation, à ce que les bonnes mœurs soient respectées, les citoyens protégés contre l'injure et la diffamation. Portalis établit que ce but ne peut être accompli que par un code de dispositions pénales qui atteigne à la fois, et dans un harmonieux ensemble, tous les délits qui dérivent du droit de publicité. La péroraison de cet éloquent morceau mérite d'être citée textuellement. « Que les écrivains éclairés et généreux, conclut-il, ne se découragent pas; nous leur dirons : Allez en avant, vous qui pouvez répandre des torrents de lumière sur toutes les questions importantes qui sont agitées dans les conseils de la nation; allez en avant, vous qui êtes véritablement faits pour préparer nos travaux et en partager la gloire; vous enfin qui semez journellement dans la société des maximes salutaires, des idées heureuses, des instructions et des plans dignes de la patrie et des meilleurs siècles ! Mais souvenez-vous, dans la carrière périlleuse que vous parcourez, que si jamais vous abandonniez la grande pensée du bien public pour vous livrer à des affections ou à des haines particulières, vous immoleriez la patrie au lieu de la servir ! Souvenez-vous que, étrangers aux factions, vous ne devez vous armer que pour les combattre; souvenez-vous que l'esprit de parti rétrécit l'âme et que l'esprit d'injure dégrade le talent; souvenez-vous qu'il y a autant de lâcheté et de faiblesse à blâmer toujours l'autorité, qu'il peut y en avoir à l'excuser toujours, et que les flatteurs d'un public inquiet et malin sont aussi vils et dangereux que les flatteurs des cours les plus corrompues ! Vous exercez la plus indépendante de toutes les magistratures; mais ce n'est que par votre conduite sage et modérée que vous pouvez justifier votre mission : on n'est grand que quand on est utile. Il faut être libre avec les lois, jamais contre elles. »

Il était difficile d'exposer de meilleurs sentiments dans un plus noble langage, et quand on comprenait ainsi la liberté de la presse, on avait acquis le droit de la défendre. Les leçons de l'expérience et les puissantes fascinations du régime impérial modifièrent plus tard ces théories généreuses et absolues. Mais le discours de Portalis est demeuré comme un document capital dans le grand débat toujours ouvert sur une des questions les plus vitales et les plus saisissantes de la civilisation moderne.

Portalis combattit avec la même vigueur un projet de loi qui tendait à faire revivre dans quelques-unes de ses dispositions le décret absurde et tyrannique par lequel la Convention *in extremis* avait exclu des fonctions publiques, jusqu'à la paix, tous les émigrés, leurs parents et leurs alliés. Il s'éleva fortement contre cet arbitraire révolutionnaire qui permettait à chaque instant, disait-il, de faire de nouvelles *émissions d'émigrés*. « Si nous conservons, ajouta-t-il éloquemment, l'habitude de révolutionner, rien ne pourra jamais s'établir, et nos décrets ne seront jamais que des piliers flottants au milieu d'une mer orageuse. » Ces judicieuses considérations entraînèrent le Conseil, et la résolution proposée n'eut aucune suite.

Le 17 février 1796, au nom d'une commission spéciale, Portalis attaqua la proposition des Cinq-Cents, qui attribuait au Directoire le droit de prononcer la radiation de la liste des émigrés, et s'efforça de prouver que ce droit capital était du ressort exclusif des tribunaux. Son rapport, supérieur en éloquence et en dialectique, au dire d'un judicieux historien (1), à tout ce qu'il avait produit jusqu'à ce jour, signalait avec une prévoyante énergie tous les abus attachés au pouvoir arbitraire dont on proposait d'investir le gouvernement, et l'expérience ne justifia que trop les prévisions de l'auteur : « Si les intérêts des prévenus d'émigration, dit-il, sont abandonnés à un ministre, quelques commis, un seul peut-être, deviendra leur juge unique; tout se traitera par les voies sourdes de l'intrigue, par l'influence des protections, selon l'opinion dominante... Les hommes riches viendront à grands frais solliciter les radiations, ou auront des solliciteurs à gages; ils useront d'une corruption que personne ne leur imputera, et que favorisera cette procédure mystérieuse. » Mais les efforts de Portalis furent cette fois infructueux, et l'Assemblée refusa même d'ordonner l'impression de son rapport, sous le prétexte frivole qu'il n'était point écrit. Ses adversaires politiques, qui connaissaient la faiblesse de sa vue, profitèrent de cette circonstance pour faire décider que les rappor-

(1) M. de Barante, *Histoire du Directoire*, t. I, page 87.

teurs des commissions écriraient et liraient dorénavant leurs travaux. Mais Portalis déjoua leur calcul à la faveur de sa merveilleuse mémoire qui lui permettait de reproduire textuellement à la tribune les rapports qu'il avait préalablement dictés.

Une autre commission, par l'organe de Goupil de Préfeln, avait proposé au Conseil des Anciens le rejet d'une résolution prise par celui des Cinq-Cents contre les prêtres appelés *réfractaires*. Cette résolution frappait de déportation les ecclésiastiques qui n'auraient pas, dans un délai déterminé, prêté serment à la constitution civile du clergé, ou qui avaient rétracté ce serment. La peine de mort était infligée aux déportés retardataires. Les conclusions de Goupil, développées dans un discours peu favorable d'ailleurs aux idées religieuses, n'obtinrent pas de faveur. Elles furent violemment combattues par Creuzé-Latouche, qui reproduisit contre la religion et ses ministres toutes les déclamations habituelles aux écrivains du dix-huitième siècle. Portalis s'opposa avec force à l'impression de ce discours, qui fut rejetée à la faible majorité de 91 voix contre 83 (1). Dans une argumentation vive et éloquente, il soutint les conclusions du rapporteur. Il traça à grands traits le tableau des persécutions exercées contre le clergé depuis le commencement de la révolution ; il se plaignit des ser-

(1) On jugera de la surexcitation des esprits par l'exclamation que ce résulat arracha au député Clauzel et qui est consignée dans le *Moniteur* du 14 fructidor an IV : « Vous avez beau faire, *la République vous avalera !* »

ments exigés de ses membres (1), des peines dont ils étaient menacés, et cita avec un piquant à-propos l'opinion de J.-J. Rousseau, qui disait que « si les philosophes avaient jamais l'empire, ils seraient plus intolérants que les prêtres... La déportation et la réclusion, continuait-il, seraient des mesures évidemment impolitiques et contraires au but même que l'on voudrait atteindre. Est-ce à la fin d'une révolution qu'il faut agiter les esprits, au moment même où ils ne demandent qu'à se calmer ? Comment se sont conduits les conquérants qui ont voulu conserver et affermir leurs conquêtes ? Ils ont partout laissé au peuple vaincu ses prêtres, son culte et ses autels. Voulons-nous tuer le fanatisme, dit en terminant Portalis, maintenons la liberté de conscience ; voulons-nous bannir la superstition, honorons les lettres, favorisons les bonnes études ; gardons-nous surtout de rétrograder vers les années de tyrannie que nous voudrions pouvoir effacer de notre histoire, et dont nous avons à réparer les maux et les désastres. Il n'est plus question de détruire, il est temps de gouverner. » L'effet de ce discours fut immense ; de vifs applaudissements éclatèrent dans les tribunes, les orateurs inscrits renoncèrent à la parole, et l'ingé-

(1) « Il eût été digne de notre siècle de reconnaître que le serment est une bien faible entrave pour des hommes polis et raffinés ; qu'il n'est nécessaire que chez des peuples grossiers à qui la fausseté ou le mensonge coûte moins que le parjure, mais que dans nos mœurs cette auguste cérémonie n'est plus qu'une forme outrageante pour le Ciel, inutile pour la société, et offensante pour ceux qu'on oblige à s'y soumettre. »

nieux Dupont de Nemours, l'un d'eux, s'écria, avec sa grâce accoutumée, que, « lorsqu'Achille combattait, Ajax et Diomède n'avaient garde de prendre les armes. » L'impression fut ordonnée à six exemplaires pour chaque membre de l'Assemblée, et la résolution révolutionnaire fut repoussée à la presque unanimité.

Le succès éclatant que Portalis obtint à l'occasion des naufragés de Calais ne fit pas moins d'honneur à son éloquence et à son humanité. Plusieurs émigrés de marque, parmi lesquels se trouvaient le comte depuis duc de Choiseul, le chevalier Thibaut de Montmorency, le comte de Vibraye, un grand nombre de militaires appartenant aux régiments de Choiseul et de Lowenstein, et quelques étrangers, ayant résolu de passer aux Grandes-Indes avec un corps destiné à combattre Tippou-Saheb, s'étaient embarqués à Stade, dans le Hanôvre, sur trois bâtiments de commerce danois. Ils étaient porteurs d'une capitulation qui faisait foi de leur destination, et dans laquelle était consigné l'engagement formel de leur part de ne jamais porter les armes contre la France. Dans la nuit du 13 au 14 novembre 1797, une affreuse tempête dispersa cette petite flotte ; les trois bâtiments échouèrent sur la côte de Calais ; la plus grande partie de l'équipage périt dans les flots, et cinquante-trois naufragés seulement parvinrent à gagner le rivage, où ils reçurent la plus touchante hospitalité. Mais le Directoire calomnia impitoyablement leur malheur en les accusant d'avoir médité une descente semblable à celle de Quiberon. Il leur reprochait en outre d'avoir figuré précédemment dans des rassemblements armés contre la France, et ces infortunés, au nombre desquels se trouvaient les émigrés que nous avons nommés plus haut, furent conduits dans les prisons de Calais, puis dans celles de Saint-Omer, et déférés à une commission militaire. Mais cette commission ne voulut point se rendre complice des persécutions du Directoire. Elle constata que les prévenus n'avaient pas été pris les armes à la main, ni en pays ennemi, et qu'ils n'avaient fait partie d'aucun rassemblement armé. Elle se déclara donc incompétente, et la libération des prisonniers parut devoir être la conséquence immédiate de cette décision. Mais les choses ne se passèrent point ainsi. Au bout de cinq mois, un message du Directoire demanda la suppression du jugement de Saint-Omer au Conseil des Cinq-Cents, qui refusa de consacrer, même par un simple rapport, cette violation exorbitante de la constitution. Les directeurs s'adressèrent alors au Tribunal de cassation, et l'implacable Merlin, ministre de la justice (1), en poursui-

(1) Cet épisode de la vie de Merlin me fournit deux rapprochements bien dignes de remarque, et que ne sauraient trop méditer, à mon avis, les hommes disposés à se laisser entraîner sans mesure au courant éphémère des réactions politiques.

Lorsque, après les événements de 1815, le comte Merlin, exilé de la France, expulsé de la Belgique, et repoussé par tous les gouvernements européens, se vit contraint d'aller chercher un asyle aux États-Unis, le vaisseau qui le portait fut jeté par les vents contraires sur un banc de sable, aux environs de Flessingue. Avant que le vaisseau s'entr'ouvrît, Merlin eut le temps de regagner la terre qui lui avait refusé un abri; invoquant alors,

vit avec acharnement l'annulation. Mais la docilité de la magistrature ne répondit pas en cette occasion aux espérances du pouvoir. Le tribunal de cassation, dans un louable élan d'indépendance, déclara que la sentence incriminée n'offrait rien d'illégal, et qu'elle aurait dû recevoir sa prompte et entière exécution. Le gouvernement traduisit alors sept des naufragés devant le tribunal de Douai, qui crut devoir en référer au Corps législatif.

Désigné comme rapporteur de ce grand débat devant le Conseil des Anciens, Portalis, au nom d'une commission composée de lui et de MM. Marragon et Rulhier, s'éleva avec autant de logique que de force et de sentiment contre la persécution inhumaine du Directoire. Il s'écria qu'*il ne s'agissait pas de juger les naufragés, mais de les secourir* : « Le malheur, ajouta-t-il, a je ne sais quoi de sacré qui, au milieu des plus sanglantes hostilités, commande le respect et inspire cette douce et salutaire commisération que la Providence a gravée dans le cœur de l'homme pour modérer les passions haineuses et pour être comme la

dit un de ses biographes, le bénéfice de la tempête, il fit supplier le roi des Pays-Bas de ne voir en lui qu'un étranger que la mer avait jeté sur ses côtes, et ce prince, plus généreux que lui-même ne l'avait été envers les naufragés de Calais, consentit à le laisser attendre paisiblement à Harlem et à Amsterdam, sous un nom supposé, cette sécurité d'existence que l'apaisement graduel des ressentiments politiques ne manque jamais d'apporter tôt ou tard aux proscrits.

En 1821, le duc de Choiseul, pair de France, fut assez heureux pour contribuer puissamment par ses discours et ses démarches à l'arrêt de la cour des Pairs qui acquitta le général Eugène Merlin, fils de ce ministre, de sa participation au complot militaire du 19 août 1820.

sauvegarde de l'espèce humaine. » Portalis conclut à ce que les naufragés fussent renvoyés et réembarqués. Cette opinion, exprimée avec une onction qui émut profondément l'Assemblée, et qui provoqua un vif enthousiasme (1), prévalut à une forte majorité, et l'impression de son discours fut ordonnée à un grand nombre d'exemplaires. Le Conseil des Cinq-Cents se prononça dans le même esprit. Qui le croirait! ces généreuses résolutions demeurèrent encore sans effet, et le Directoire n'abdiqua pas l'idée de transformer en une autre Tauride cette noble terre de France, l'asile hospitalier des proscrits de tous les temps et de tous les pays. Après avoir été traînés successivement des prisons de Calais aux casemates de Lille, les naufragés, décimés par les ravages que la maladie, les privations, les tortures de toute espèce avaient exercés dans leurs rangs (2), furent écroués au château de Ham, et ne recouvrèrent la liberté, au prix de l'exil, que lors de l'avènement de Bonaparte au consulat.

Parmi les autres rapports faits par Portalis à la tribune des Anciens, nous devons mentionner celui qui eut trait à l'organisation de la haute-cour nationale (3);

(1) *Mémoires* de M. le duc de Choiseul, p. 115. Paris 1824. Esménard, dans le IVe chant de son poème de la *Navigation*, a célébré

« Cet orateur fécond, l'ami de l'infortune,
« Qui des droits du naufrage étonna la tribune,
« Et d'un arrêt barbare attendrit la rigueur.

(2) *Mémoires* de M. le duc de Choiseul, p. 156.

(3) L'objet spécial de ce rapport fut de faire décider que les jugements de la haute-cour ne pourraient être déférés au tribunal de cassation, les attributions de cette juridiction exceptionnelle, qui allaient jusqu'à juger les

un autre touchant les droits de propriété sur le canal du Midi invoqués par les héritiers Riquet ; enfin un dernier rapport qu'il lut le 27 thermidor an v, pour faire rejeter comme insuffisante et incomplète une résolution qui supprimait le divorce pour incompatibilité d'humeur.

Portalis avait été appelé, pendant le mois de messidor an iv, à la présidence du Conseil des Anciens, malgré l'affaiblissement déjà extrême de sa vue. Cette circonstance lui fournit de nombreuses occasions de faire admirer la prodigieuse mémoire que la nature lui avait départie. Malgré ce commencement de cécité, « il n'en suivait pas moins, dit un témoin oculaire, tous les mouvements de l'Assemblée, maintenait l'ordre avec fermeté ; et, connaissant la place de chaque membre, dont il distinguait merveilleusement le son de voix, il ne commettait pas la moindre erreur en accordant ou refusant la parole. Si la discussion était interrompue par l'arrivée d'un message du Directoire ou du Conseil des Cinq-Cents, il suffisait qu'on lui en fît tout bas la lecture une seule fois pour qu'il répétât tout haut, en s'adressant à l'Assemblée, la résolution tout entière, quelque nombreux qu'en fussent les articles, sans en déranger la série, sans changer aucune expression (1). »

Cependant, de graves évènements se préparaient.

membres du Corps législatif et les directeurs eux-mêmes, impliquant sa pleine et absolue souveraineté.

(1) *Mémoires* du général Mathieu Dumas.

Le Directoire était de plus en plus menacé dans sa politique révolutionnaire par le mouvement universel des esprits et par les tendances réparatrices des deux Conseils. Maintenue sur le terrain parlementaire, la lutte amenait infailliblement sa défaite. Un général qui devait ceindre, quelques années plus tard, une des couronnes du Nord, écrivait le 4 fructidor au maître futur de la France : « L'esprit républicain est très-attiédi ; la contre-révolution se fait dans les esprits, les lois sont sans vigueur, les émigrés rentrent, les tribunaux acquittent les uns et ne recherchent pas les autres... Il faut que le Directoire effraye, au moins par les apparences, les représentants qui marchent directement au rétablissement du trône (1). » Tout annonçait en effet que le Directoire se disposait à ajouter une journée néfaste à toutes celles dans lesquelles le génie révolutionnaire, depuis moins de dix ans, avait retrempé sa vigueur affaiblie. L'histoire intérieure de la France semble se résumer, depuis 1789, en un petit nombre de dates qui expriment alternativement le triomphe ou l'abaissement du pouvoir. « Il y a, disait Royer-Collard, une grande école d'immoralité dont les enseignements retentissent dans le monde entier. Cette école, ce sont les évènements qui se sont accomplis presque sans relâche sous nos yeux : le 6 octobre, le 10 août, le 21 janvier, le 31 mai, le 18 fructidor... Que voyons-nous dans cette suite

(1) *Histoire du Directoire*, par M. de Barante, tome 2, page 345.

de révolutions ? La victoire de la force sur l'ordre établi, et des doctrines pour la légitimer (1). »

Le Corps législatif, de son côté, songeait à la résistance. Il éclairait l'esprit public par ses manifestes, ordonnait des poursuites contre les attentats qui menaçaient la représentation nationale, et défendait aux corps armés toutes délibérations politiques. Mais ces vaines précautions ne rassuraient point l'opinion publique, convaincue qu'il n'existait aucun moyen de prévenir une exécution militaire de plus en plus imminente. Chacun comprenait l'énorme infériorité de corps délibérants divisés de vœux et d'espérances, privés de tous moyens d'action énergiques, en face d'un pouvoir établi, compact, dénué de scrupules et possesseur de forces militaires toujours prêtes à servir de pareilles entreprises.

En ces circonstances critiques, Portalis et Siméon se persuadèrent qu'une démarche officieuse auprès du pouvoir exécutif réussirait à conjurer l'orage qui se préparait. Ils résolurent de s'adresser à Barras, alors président du Directoire, Provençal comme eux, et qu'ils connaissaient depuis longtemps pour un homme sans principes politiques, sans fanatisme révolutionnaire, et auquel on pouvait proposer toute espèce de plan de conduite qui ne serait pas contraire à ses intérêts. Barras écouta avec attention lés deux orateurs, qui s'étaient associé le général Ma-

(1) Discours sur les lois de septembre 1835.

thieu Dumas, leur ami commun. Portalis et Siméon lui déclarèrent que le parti constitutionnel ne songeait nullement à renverser le gouvernement et à détruire la République; ils représentèrent à Barras qu'il était préférable de gouverner avec une majorité bien intentionnée et appuyée par l'opinion publique, dont elle offrait l'image, plutôt que de s'obstiner à la détruire par la violence. Barras parut entrer dans la voie qui lui était ouverte, n'objecta guère que sa haine violente contre Carnot, et demanda aux négociateurs, avec une apparente sincérité, les conditions de leur concours. Ces conditions se bornèrent à un remaniement ministériel dont l'effet le plus considérable était l'exclusion de Merlin et l'entrée de Talleyrand, récemment de retour d'Amérique. Barras promit tout, et engagea même sa foi de *gentilhomme républicain* (1); mais, soit mauvaise volonté, soit impuissance réelle, cette entrevue, si honorable pour les trois médiateurs, n'eut aucune suite; le ministère fut modifié dans un sens entièrement inverse aux promesses de Barras, et rien désormais ne put détourner l'explosion qu'on appréhendait.

Le Directoire triompha sans peine d'ennemis désunis et désarmés. La déportation de deux directeurs, de onze députés des Anciens, de quarante des Cinq-Cents, de quarante-deux journalistes, la réexportation des prêtres, le bannissement de quatre-vingt mille

(1) *Hist. du Directoire*, par M. de Barante, livre VI.

émigrés rentrés provisoirement, tels furent les trophées du 18 fructidor ; et, le lendemain, on lut sur les murs de Paris « qu'un grand nombre d'émigrés, d'égorgeurs de Lyon et de brigands de la Vendée avaient attaqué les postes qui entouraient le Directoire, mais que la vigilance du gouvernement et des chefs de l'armée avait rendu nuls leurs criminels efforts (1) ! »

L'estime générale qui entourait le nom de Portalis, sa bienveillance personnelle, la conciliation et la loyauté de son caractère n'empêchèrent pas qu'il fût compris dans le coup d'État du 18 fructidor. L'attitude réparatrice qu'il avait si noblement déployée au Conseil des Anciens lui avait valu le dangereux honneur d'être désigné pour le ministère de la police dans la conspiration royaliste de Brotier et de La Villeurnoy. C'était plus de griefs assurément qu'il n'en fallait pour décider sa perte. Frappé de déportation avec son beau-frère Siméon, avec ses amis Mathieu Dumas, Pastoret, de Vaublanc, avec Barbé-Marbois, celui de tous qui se rapprochait le plus de lui par l'austérité de ses formes, par la droiture et l'élévation de son caractère, il dut à l'amitié de M. Étienne Delessert d'échapper à l'incarcération dont il était menacé et à l'expatriation meurtrière qui devait en être la suite. Madame de La Borde favorisa son départ, et le baron de Dreyer, ministre de Danemark, lui procura un passeport dont il eut bientôt à apprécier l'utilité.

(1) *Histoire du coup d'État du 18 fructidor*, par M. A. Nettement.

Accompagné d'un fils qui devait recueillir avantageusement un jour l'héritage de son savoir et de sa renommée, Portalis se rendit à Bâle où il trouva une affectueuse lettre de M. Necker, qui lui offrait un asile dans son château de Coppet, sur les bords du lac de Genève. Mais il ne jugea pas devoir accepter une retraite si rapprochée de la France. Il partit pour Zurich, où il fit la connaissance du célèbre Lavater, et se mit en rapport avec David Wyss et Jacques Meister, ancien secrétaire du baron de Grimm. Éloigné de Zurich par la révolution helvétique, Portalis passa dans le Brisgaw et n'obtint qu'avec peine, au fond d'un mauvais village de la Forêt-Noire (1), un asile qu'il partageait avec M. Gau, député des Cinq-Cents, exilé comme lui. Mais il put venir de temps en temps à Fribourg ; il y retrouva l'abbé Delille, Mallet-Dupan, l'abbé Georgel, et le poète Jacobi. Portalis vécut quelques mois au sein de cette société d'élite ; puis, toujours menacé par les conquêtes et les exigences du Directoire, il se disposait à partir pour Venise, lorsqu'il apprit que plusieurs de ses anciens collègues, et notamment le général Mathieu Dumas et Quatremère de Quincy, avaient rencontré dans le Holstein une hospitalité qu'on le priait avec empressement de venir partager. Ce gracieux appel le détermina pour une résidence dont le choix devait exercer une certaine influence sur le surplus de sa destinée. Portalis prit la route de

(1) *Mémoires* de Mallet-Dupan, tome 2, page 334.

Souabe, pour voir en passant à Tubingue le spirituel Suard, qui s'y était retiré auprès de M. de Narbonne et de la vicomtesse de Laval. Il arriva au mois de mars 1798 dans le Holstein, à Tremsbüttel, où l'attendait l'honorable Christian de Stolberg, l'un des poëtes les plus distingués de l'Allemagne. Deux mois plus tard, le noble exilé débarquait avec son fils à Emckendorff, chez le comte de Reventlau, terme et but de son voyage.

Issu d'une des familles les plus illustres du Danemark, le comte de Reventlau dépensait dignement une fortune considérable à encourager les lettres et les arts, vers lesquels l'inclinait un goût éclairé. Grâce à son obligeant accueil, le château d'Emckendorff était devenu un centre d'attraction pour tout ce que cette contrée septentrionale de l'Allemagne comptait d'hommes éminents. Là, se faisaient remarquer, à côté de son frère Christian, le célèbre et vertueux historien de la *Religion chrétienne*, le comte Léopold de Stolberg, tous deux amis particuliers de la famille de Reventlau, le philosophe Frédéric Jacobi, le docteur Hensler, l'historien Hegewisch, Pfaff, Schlosser, Kleuker et plusieurs autres. La comtesse Julie de Reventlau, femme d'un esprit cultivé et d'une affabilité exquise, aidait son mari dans les soins de cette cordiale hospitalité que plusieurs Français tels que MM. de Vanderbourg et d'Angivilliers, partageaient depuis quelque temps avec le général Dumas.

Nous devons à ces illustres bannis, et notamment à

Portalis lui-même, quelques détails pleins d'intérêt sur cette douce retraite d'Emckendorff, qui devait prendre tant de place dans ses souvenirs. Une contrée agréable, un beau lac et une belle forêt, des mœurs pures, beaucoup d'instruction et des sentiments religieux dans les hautes classes de la population, un exercice aussi judicieux que paternel des prérogatives seigneuriales (1), voilà ce qu'une modeste colonie de Français expatriés avait rencontré à deux cents lieues de leur pays, dans un petit coin de terre, sur les bords de la Baltique. A part les amertumes inséparables de l'exil, cette retraite, on le voit, ne manquait d'aucune des consolations de la vie humaine. Une conversation instructive, aimable et variée en remplissait les vastes loisirs. Portalis y faisait admirer l'ingénieuse fécondité de son esprit tour à tour grave, enjoué, habile à éclairer les questions les plus délicates de la morale, de la politique ou de la littérature, et mettait à profit son séjour dans le Holstein pour se nourrir de la substance des philosophes allemands et s'inspirer de leurs écrits (2).

Au nombre des amis que Portalis avait laissés sur

(1) Lettre à Mallet-Dupan, 24 juin 1798.

(2) Le général La Fayette, récemment sorti des cachots d'Olmütz et alors retiré à Hambourg, vint profiter aussi pendant quelques jours de la gracieuse hospitalité du comte de Reventlau. La conversation roulait fréquemment, comme on peut le croire, sur les principaux événements de la révolution française. Un des interlocuteurs du général lui témoignant un jour quelque étonnement sur son fameux sommeil dans la nuit du 5 au 6 octobre: « J'étais sans défiance, répondit le candide ami de Washington, *le peuple m'avait promis de rester tranquille !* » Cette anecdote caractéristique m'a été racontée par M. le comte Portalis.

le territoire germanique, se trouvait l'estimable Mallet-Dupan, de Genève, que les malheurs de sa patrie et l'esprit anti-révolutionnaire de ses publications avaient contraint à se réfugier successivement à Zurich et à Fribourg. Sans être homme de parti dans l'acception ordinaire de ce terme, Portalis était resté, « par sentiment et par méditation, » fermement attaché à la monarchie héréditaire (1). Éloigné des idées révolutionnaires par son éducation, ses principes religieux et la modération de son esprit, il avait vu avec une défiance prophétique le mouvement de 1789. Vivement touché des malheurs de la famille royale, il avait conçu un plan de défense de Louis XVI qu'il eut le courage de développer à Lyon, devant une société nombreuse (2), dans les premiers jours de 1793, à une époque où sa propre sûreté était si cruellement compromise. Dès son arrivée à Emckendorff, Portalis s'empressa de renouer ses rapports avec Mallet; et nous trouvons dans les mémoires récemment imprimés du publiciste génevois, plusieurs lettres de son illustre correspondant adressées à Londres, où Mallet s'était définitivement retiré. Deux de ces lettres surtout offrent un vif intérêt. Elles ont trait aux espérances que les progrès de l'armée autrichienne en Italie, pendant l'été de 1799, avaient fait naître chez les réfugiés français, et contiennent, dans l'hypothèse de la restauration du roi Louis XVIII, des conseils que l'histoire doit re-

(1) Lacretelle, *Histoire du Directoire*, livre v^e^.
(2) Notice de M. le comte Portalis, page 20.

cueillir comme un témoignage des sentiments politiques de leur auteur : « Rentrer en France sans but et sans plan, écrivait-il le 11 août, ou pour venir y faire une promenade à la prussienne, ce serait une erreur pire que la première... En se contentant de montrer le roi et les siens, on fait trop et trop peu. Il est un milieu entre la politique du conquérant et l'hésitation du triomphateur qui a l'air de venir recevoir la loi lorsqu'il peut la donner... Tout le monde en France est fatigué du régime révolutionnaire. La lassitude qui termine toutes les révolutions a ramené tous les esprits et tous les cœurs à la monarchie. On n'a pas besoin de procéder par des proclamations impératives pour rendre la nation française royaliste. Si de pareilles proclamations pouvaient être nécessaires, elles seraient inutiles. Mais, s'il ne faut pas laisser les esprits dans l'incertitude, il ne faut pas non plus les jeter dans la crainte. Il ne faut pas que le roi se présente comme le chef d'un parti, mais comme le chef de la nation. Il faut qu'il respecte tout ce qui n'est que le résultat de la force des évènements et des choses. Tout retour aveugle ou passionné à des institutions usées qui n'ont pu se soutenir elles-mêmes, compromettrait la sûreté de la nouvelle monarchie. Une nation naissante a besoin d'un instituteur, et il faut un libérateur à une nation vieillie et opprimée... Si la révolution était à faire, écrivait-il encore le 23 septembre de la même année, je crois bien que personne n'en voudrait. *On a trop fortement senti que presque tou-*

jours il est plus dangereux de changer qu'il n'est incommode de souffrir (1). Mais il faut partir d'où l'on est... Je ne veux pas que le roi compose avec les factieux ou les ambitieux : il trouverait autant de systèmes que de têtes ; mais je veux qu'il se rende l'arbitre suprême des circonstances, des intérêts et des droits. Il doit beaucoup à la fidélité et au malheur de ceux qui n'ont pas séparé leur sort du sien. Mais il ne peut mieux s'acquitter envers eux qu'en ne leur donnant que ce qu'ils peuvent conserver avec sûreté. Ce serait une erreur de croire qu'il est contraire à la dignité du roi de ne pas rétablir toutes les institutions anciennes. La fierté des rois peut répugner à se trouver sous la dépendance de certains hommes ; mais leur sagesse les invite à ne pas méconnaître la dépendance des choses, dépendance à laquelle aucune puissance humaine ne peut se soustraire... Je vous parle sur tout cela, ajoutait Portalis, avec d'autant plus de franchise que je dois aux circonstances d'être plus désintéressé. Je ne dis point la sagesse, mais le hasard du moins a fait que je n'ai appartenu à aucun parti, et qu'en conséquence j'ai toujours été mieux placé pour bien voir et bien juger ; je n'ai point émigré, et je n'ai jamais approuvé l'émigration, parce que j'ai toujours cru qu'il était

(1) Le général La Fayette écrivait à la même époque (1799) à M. de Latour-Maubourg : « La masse nationale n'est ni royaliste, ni républicaine... Elle est contre les jacobins, contre les conventionnels, contre ceux qui règnent depuis que la république est établie ; elle veut être débarrassée de tout cela, *fût-ce par la contre-révolution.* »

absurde de quitter la France dans l'espoir de la sauver et de se mettre dans la servitude des étrangers, pour prévenir ou pour terminer une querelle nationale. D'autre part, je n'ai pas voulu me mêler des changements et des réformes projetés par les premiers révolutionnaires, parce que je me suis aperçu qu'on voulait former un nouveau ciel et une nouvelle terre, et qu'on avait l'ambition de faire un peuple de philosophes lorsqu'on eût dû ne s'occuper qu'à faire un peuple d'heureux. J'ai vécu dans la solitude et les cachots. Mais je ne suis pas devenu injuste ; les sujets qui se sont montrés plus fidèles ne doivent point mépriser ceux qui n'ont pas suivi les mêmes voies : le gros des hommes n'est jamais avant l'expérience ce qu'il ne peut devenir que par elle. Tous les hommes ont des passions, ils n'ont pas le droit de se plaindre de celles des autres (1). »

Des extraits de ces admirables lettres furent mis par le maréchal de Castries sous les yeux de Louis XVIII, qui parut vivement frappé du mérite des observations qui y étaient consignées. Ce prince ordonna à Malouet d'adresser au *Mercure britannique* une lettre où, après avoir conseillé, en cas de restauration, l'établissement d'un *gouvernement légal* comme le meilleur moyen de décomposer la puissance révolutionnaire, il se rendait garant que telle était la pensée de Louis XVIII. Cette publication excita parmi les émigrés réfugiés à

(1) *Mémoires et correspondance* de Mallet-Dupan ; Paris, 1851 ; tome 2, page 393 et suiv.

Londres une très-vive sensation. A la même époque, ce prince donnait tous ses soins à l'organisation d'un comité dont les membres devaient être chargés d'entrer en rapport avec les chefs du parti constitutionnel, pour préparer le rétablissement de la monarchie. L'idée de la formation de ce comité, dont le siège était à Paris, avait été inspirée à Louis XVIII par le désir de lutter contre les entreprises aventureuses des conseillers du comte d'Artois, son frère. On comptait parmi ses membres MM. Royer-Collard, Becquey, Quatremère de Quincy, et plusieurs autres esprits éminemment sages et politiques. Cette association se dissolvit en 1800, sous l'influence du coup d'État du 18 brumaire, et la direction des destinées politiques de la famille royale passa momentanément au comte d'Artois; de là, les tentatives qui marquèrent les premiers mois de l'avènement au consulat, et qui se succédèrent jusqu'à l'établissement du régime impérial.

Ce fut au sein de sa retraite d'Emckendorff, que Portalis écrivit son remarquable ouvrage sur l'*Usage et l'Abus de l'esprit philosophique*, dont nous reparlerons plus tard. Ce fut là aussi que son fils rencontra dans la jeune comtesse de Holck, nièce et pupille du comte de Reventlau, celle dont le mérite et les hautes vertus devaient mêler tant de charme aux agitations de sa vie, et répandre de précieuses consolations sur les dernières années de l'illustre proscrit.

TROISIÈME PARTIE.

Portalis rentre en France. — Il est appelé au Conseil des prises; au Conseil d'État. — Ses premiers travaux. — Il est nommé directeur-général, puis ministre des cultes. — Détails sur sa participation aux articles organiques du Concordat.

(1800—1804.)

Ce fut à Kœnigsbruck, dans la Basse-Lusace, que le jeune Portalis épousa, le 9 mai 1801, Mlle Frédérique de Holck. Cette union, si heureusement assortie, manqua du témoin dont la présence eût ajouté le plus d'intérêt à sa célébration. Portalis, à qui la révolution du 18 brumaire avait rouvert les portes de la France, s'était hâté d'y rejoindre sa vertueuse compagne et le jeune fils (1) dont il était séparé depuis trois ans (2). Arrivé à Paris le 18 février 1800, il avait obtenu la permission d'y résider sous l'autorisation du ministre de la police générale.

(1) Le second fils de Portalis mourut en 1846 consul général de France à Caracas.

(2) Ce retour fut l'occasion d'une rencontre touchante. Portalis avait quitté le Holstein avec deux de ses compagnons d'exil, Quatremère de Quincy et Mathieu Dumas. Au relai d'Osnabruck dans le Hanôvre, un voyageur qui venait de France se présenta à eux, et, dès qu'il les eut envisagés, il se précipita dans les bras de Portalis. C'était l'illustre naufragé de Calais, le comte de Choiseul qui, tout récemment rendu à la liberté, remerciait avec transport son éloquent défenseur. (*Souvenirs* de Mathieu Dumas, tome 3, page 170.)

Cette existence errante et précaire touchait enfin à son terme. Le premier consul Bonaparte, qui aspirait à donner à son pouvoir naissant l'éclat et l'appui de tous les hommes de valeur, appela, le 3 avril, Portalis aux fonctions de commissaire du gouvernement près le Conseil des prises.

Le Conseil des prises, disparu de nos lois depuis la paix générale, est une institution aujourd'hui fort oubliée (1). On nommait ainsi, sous l'ancien régime, une commission établie pendant la guerre pour décider de la validité des prises faites sur mer par les vaisseaux de l'État ou par ceux des particuliers, lorsqu'ils étaient autorisés à armer en course. Le gouvernement consignait cette autorisation, exclusive aux citoyens français, dans des *lettres de marche*, appelées par corruption *lettres de marque*.

L'origine du *droit de prise*, sur lequel était fondée cette institution, se perd, en quelque sorte, dans la nuit des temps. On le trouve consacré par plusieurs textes des lois romaines. Mais ce droit n'avait acquis une véritable importance que depuis les découvertes de Vasco de Gama et de Christophe Colomb. Ce fut alors qu'on sentit le besoin de remplacer par une législation sérieuse et uniforme les règlements épars et incomplets auxquels les captures maritimes avaient été soumises sous nos premiers rois. Louis XIV y pour-

(1) Le Conseil des prises fut supprimé par une ordonnance du 23 août 1815, et ses attributions furent transportées au Conseil d'État. Il a été momentanément rétabli pendant la guerre de Crimée, en 1854, et aboli de nouveau par un décret impérial du 3 mai 1856.

vit en partie par sa belle ordonnance de 1681, sur la marine. Un règlement du 15 juillet 1778 fut le dernier mot de l'ancien régime sur cette matière : ce sont ses dispositions qui déterminent encore aujourd'hui les cas de *bonne prise*.

L'organisation des tribunaux chargés de prononcer sur les prises maritimes avait subi, de son côté, des vicissitudes plus variées encore. La commission des prises, originairement composée d'officiers de l'amirauté, auxquels s'adjoignait un certain nombre de conseillers d'État et de maîtres des requêtes, ne fut plus composée, depuis 1650, que de conseillers du roi ; les attributions des officiers de marine se bornèrent à l'instruction des procédures. Un conseil spécial et régulier des prises ne fut constitué sous cette dénomination que neuf ans plus tard. Des ordonnances postérieures décidèrent que ce conseil siégerait chez le comte de Toulouse, grand-amiral de France, et que ses sentences seraient rendues au nom de ce prince. Les sentences du Conseil des prises, comme celles des commissions qui l'avaient précédé, ne furent jamais en dernier ressort. En cas d'appel, le Conseil du roi, et dans certains cas le Conseil royal des finances, prononçait définitivement.

Une loi de 1793 avait attribué au tribunaux de commerce le jugement des prises, et le comité de salut public s'en était emparé ; mais il en fut bientôt à son tour dépossédé par la loi du 3 brumaire an IV, qui le rendit à la juridiction commerciale.

Cette réintégration ne fut pas de longue durée. Le régime consulaire pénétra bientôt cette matière de l'esprit d'uniformité qui lui était propre. Une loi du 6 germinal an VIII rétablit le Conseil des prises dans ses anciennes attributions, régla la manière de procéder devant lui, et le composa d'un président, de huit membres et d'un commissaire du gouvernement. C'est dans ces circonstances que Portalis, six semaines au plus après son retour en France, fut appelé à y prendre place.

Le droit de prise n'avait jamais joui d'une faveur sans mélange auprès des publicistes. Appliqué aux bâtiments négriers ou servant à la piraterie, ce droit était évidemment licite, même en temps de paix; appliqué aux vaisseaux de ligne, on ne le justifiait guère que par le besoin de causer à son ennemi le plus de mal possible; enfin ce droit semblait sans excuse dans son application aux bâtiments neutres et surtout aux navires de commerce, et son injustice éclatait assez dans la faiblesse des arguments dont on s'aidait pour le consacrer. La marine marchande, disait-on, peut, au premier signal, se transformer en marine de guerre. Ainsi, c'est d'une simple éventualité qu'on faisait dériver la légitimité d'un droit si dommageable au commerce. Ces considérations avaient ému l'Assemblée constituante. Elle s'était préoccupée de ce grand intérêt. Cependant elle n'avait point osé trancher la question; elle s'était bornée à recommander au pouvoir exécutif de négocier avec les puissances étrangères les traités propres à sauvegarder, en cas de guerre, les intérêts de la marine commerciale. Mais ces négociations traînèrent en longueur, et l'Assemblée se sépara sans avoir donné suite à cette généreuse initiative (1).

L'installation du Conseil des prises eut lieu dans le bâtiment de l'Oratoire, le 14 mai 1800, sous la présidence de Redon de Beaupréau, administrateur de la marine, auquel Berlier succéda quelques mois plus tard. Le discours que Portalis prononça à cette occasion, et dont nous donnerons quelques fragments, fit connaître la haute idée qu'il avait conçue des attributions du Conseil et des sentiments d'équité qui devaient en régler l'exercice.

« La morale, dit-il, est obligatoire pour les corps de nations comme pour les simples particuliers ; elle est le droit commun de l'univers. Mais, entre les différents corps de nations, elle a peu de moyens de se faire observer ; car ils vivent entre eux à l'état de nature, c'est-à-dire dans cet état où chacun est arbitre souverain de ses propres actions et juge suprême dans sa propre cause. De là, les hostilités, les représailles, les guerres fréquentes qui ébranlent les empires et ravagent le monde... Faire en temps de paix le plus de bien et en temps de guerre le moins de

(1) La salutaire inspiration de l'Assemblée constituante ne devait pas demeurer stérile. Soixante-six ans plus tard, en 1856, la conférence de Paris a, d'un commun accord, aboli le *droit de course ;* elle a déclaré que le pavillon neutre couvrirait désormais les marchandises ennemies, autres que la contrebande de guerre, et que, sous la même exception, la marchandise neutre serait insaisissable sous pavillon ennemi.

mal possible, voilà le droit des gens. » L'orateur constate très-bien que les individus dont les nations se composent ne sont point ennemis comme hommes, pas même comme citoyens, mais uniquement comme soldats ; puis, se rapprochant davantage de son sujet, il ajoute : « Dans la nouvelle position que la boussole et la découverte de l'Amérique ont donnée au monde, ce sont principalement nos relations commerciales qui deviennent la source de nos guerres... Les puissances belligérantes sont sans doute autorisées à prévenir et à surveiller les fraudes d'une neutralité feinte. Si l'ennemi connu est toujours manifeste, le neutre peut cacher un ennemi réel sous la robe d'ami ; il est alors frappé par le droit de guerre et mérite de l'être. Mais gardons-nous dans l'exercice de ce redoutable droit, de méconnaître les traités, les coutumes consacrées par la conduite constante des nations, et les principes qui garantissent la souveraineté et l'indépendance des peuples... En inspirant la terreur, on peut momentanément accroître ses forces ; mais c'est en inspirant la confiance qu'on les assure à jamais. L'injustice fut toujours mauvaise ménagère de la puissance. » Le nouveau magistrat repoussait en terminant l'idée de « se rouler servilement sur des formes contentieuses ou de se livrer à des subtilités dégradantes. Nous avons étonné et ébranlé l'Europe par l'éclat et la force de nos armes ; il est temps de la rassurer par nos principes et de la consoler par nos vertus. » Le discours de Portalis fut immédiatement traduit en plusieurs langues et répandu en Europe et au-delà des mers; partout il produisit une vive et favorable sensation.

Portalis se montra fidèle, dans l'exercice de son ministère, aux principes qu'il avait si noblement professés. On le vit plus d'une fois corriger par son intervention officieuse les irrégularités des instances concernant les étrangers qui sollicitaient l'équité du Conseil, et suppléer les exceptions qu'ils négligeaient d'invoquer. Le rôle auguste de la partie publique, cette fonction ignorée des anciens, prit entre ses mains des proportions plus larges, et jamais la justice ne mérita mieux l'appellation de cosmopolite qu'à cette époque d'une conflagration si animée entre la plupart des puissances européennes. Le nombre des affaires portées au Conseil des prises pendant son court exercice fut considérable, et chacune donna lieu de sa part à des conclusions développées où le savoir s'unit à une saine philosophie et à une religieuse sollicitude pour tous les intérêts de l'humanité. Portalis contribua puissamment à fixer la jurisprudence du Conseil sur une foule de questions que la nouveauté de son institution ne lui avait pas permis d'élucider ou d'approfondir (1).

(1) Parmi les causes importantes dans lesquelles Portalis eut à déployer le concours de son ministère, nous citerons celles de la *Maria Arendz* (vaisseau prussien) contre le contrôleur de la marine, de la *Carolina Wilhelmina* (bâtiment suédois) contre le *Dragon*, de la *Caroline* (de Bordeaux) contre la frégate américaine la *Nancy*, de la *Pandore* (vaisseau américain) contre le corsaire le *Requin*, du *Républicain* contre le *Spartiate* (américain), du *Napoléon* contre le *Frédéric* (américain), du *Kitty*

Ce fut dans le cours de cette magistrature que le premier consul appela Portalis, le 12 août 1800, dans des conditions dont nous parlerons plus tard, à prendre part à la composition et à la discussion du Code civil. Le 22 septembre de la même année 1800, il entra dans ce conseil d'État si riche en hommes de mérite de tout genre, qui fut la plus forte, la plus lumineuse et la plus indépendante peut-être des institutions du régime impérial. Il fut attaché à la section de législation.

Portalis qui, à l'exemple de plusieurs de ses collègues du Conseil des Anciens, avait longtemps caressé avec complaisance l'idée d'un retour à la monarchie constitutionnelle, parut s'être départi de ces dispositions lorsque le régime consulaire eut inauguré le rétablissement de l'ordre. Il se dévoua sans arrière-pensée au pouvoir qui avait honorablement marqué le terme de son exil, et qui, par des lois sages et des mesures intelligentes, avait replacé la société sur ses véritables bases. La sincérité de son dévouement fut bientôt éprouvée par un de ces attentats sauvages qu'il était donné à notre siècle de voir se reproduire à trois reprises, sous des caractères diversement atroces, dans un intervalle de moins de soixante ans. La machine infernale du

(américain) contre le corsaire le *Bravo*, etc. (*Traité des prises maritimes*, par MM. de Pistoye et Ch. Duverdy, 1855.)

Portalis est auteur de l'article *Amirauté*, dans le grand *Dictionnaire de Jurisprudence* de Prost de Royer, ouvrage dont les premières livraisons seulement ont paru, à Lyon, en 1782.

3 nivôse mit en péril les jours du premier consul et répandit à Paris et dans la France une sensation universelle de stupeur et d'effroi. Vivement impressionné par cette tentative, le chef de l'État réunit le lendemain même les sections de son conseil et demanda qu'on lui soumît un projet de loi qui armât le gouvernement de pouvoirs extraordinaires propres à écarter les complots qui menaçaient incessamment sa vie. « Il faut, dit-il avec véhémence, égaler le nombre des coupables à celui des victimes. » La conclusion de son discours était que le gouvernement consulaire fût investi de la faculté de déporter un certain nombre de suspects. Cette conception n'était point neuve. Quelques jours après leur avènement, les trois consuls avaient arbitrairement ordonné la déportation de plus de cent individus signalés par leurs excès pendant la terreur, ou même par leur simple opposition au 18 brumaire. Mais l'opinion publique, justement alarmée, s'était prononcée contre cette mesure révolutionnaire avec une énergie qui en avait suspendu l'exécution. Le nouveau projet fit bientôt place à un expédient qui devait atteindre le même but avec plus de certitude et moins d'éclat. Cet expédient, imaginé par le premier consul lui-même et encouragé par M. de Talleyrand, consistait à faire régulariser par la voie d'un sénatus-consulte les mesures extrà-légales auxquelles on se proposait de recourir. Le Sénat jouissait d'après la constitution d'une prééminence hiérarchique qu'il n'avait mani-

festée jusqu'alors que par des actes insignifiants. Sa docilité, entretenue par de splendides dotations avec l'hérédité en perspective, ne pouvait être suspecte. En l'associant à l'action du pouvoir exécutif par une mesure de haute sûreté en dehors de la législature habituelle, on s'assurait de la permanence et de la solidité de son concours. Ce parti n'eut pas de peine à prévaloir, et les conseillers d'État Portalis, Siméon et Rœderer furent chargés de faire sanctionner par le premier corps nominal de l'État la déportation de cent individus environ, la plupart terroristes, soupçonnés mal à propos de complicité dans l'attentat du 3 nivôse. Ce fut, dit un mémorialiste contemporain, le premier essai de « ce puissant instrument des sénatus-consultes qui servit à construire l'édifice du pouvoir que Bonaparte méditait alors et qu'il réussit à élever si promptement (1). »

Quelques jours plus tard (17 nivose), Portalis eut l'occasion de fortifier par des voies plus régulières l'action du gouvernement consulaire, en se chargeant de proposer et de défendre au Corps législatif l'institution des tribunaux criminels spéciaux. Cette institution, analogue à celle des cours prévôtales, créées quinze ans ans plus tard, fut motivée comme elles par la nécessité d'opposer une répression prompte et énergique aux désordres et aux brigandages qui désolaient l'intérieur de la France. L'orateur, comme dans toutes les conjonctures de ce genre, colora avec

(1) *Mémoires* du comte Miot de Mélito, tome 1, page 370.

adresse les dispositions exorbitantes et rigoureuses dont se composait ce projet : « N'oublions pas, disait-il en terminant, que notre situation depuis dix ans est telle, qu'il faudra du temps pour que certains hommes puissent s'habituer au repos et au bonheur, et pour qu'ils se résignent à porter docilement le joug de la félicité publique. » Ce projet de loi, quoi qu'il eût perdu une partie de son importance par la déportation collective que le gouvernement venait de prononcer, éprouva au Tribunat beaucoup de résistance, et ne passa qu'à une très-faible majorité.

Ici s'ouvre un nouvel et mémorable aspect de la vie publique de Portalis.

Personne n'ignore quel spectacle lamentable présentait la situation du culte catholique à l'avénement du consulat. L'exil avait éloigné ou dispersé presque tous ceux des membres du clergé qui avaient survécu à l'échafaud ou à la déportation. Les fidèles, si longtemps menacés ou poursuivis, ne respiraient que sous la protection d'une avare et dédaigneuse tolérance. Les établissements religieux, abolis ou dépouillés du riche patrimoine qu'avait grossi la piété de tant de générations successives, les temples fermés ou démolis, les ordres monastiques frappés d'anéantissement « après mille ans de bienfaits » (1), tel est l'état de choses qui avait succédé en peu d'années au

(1) *Des Intérêts catholiques au XIXe siècle*, par M. de Montalembert.

régime si prospère et si florissant du culte de nos pères; tel était le monceau de ruines dont le gouvernement réparateur de Napoléon Bonaparte entreprit de faire sortir un ordre harmonieux et régulier sans blesser trop ouvertement les susceptibilités révolutionnaires qu'il avait à ménager.

Soit par une tendance originelle aux idées religieuses, soit par l'effet d'une prévoyance politique que l'événement justifia plus tard, le jeune conquérant, dès ses premières campagnes, s'était soigneusement appliqué, à la différence des autres généraux républicains, à conserver des apparences respectueuses dans ses rapports avec le Saint-Siège. Devenu maître de l'État, il avait pourvu avec empressement à ce que les honneurs convenables fussent rendus à la dépouille mortelle du dernier pape Pie VI, honteusement négligée par le Directoire dans un coin de la citadelle de Valence. Le 28 juin 1800, cinq jours après la victoire de Marengo, le premier consul fit annoncer au pape Pie VII, récemment élu, l'intention de s'entendre avec lui pour la restauration du culte catholique en France. Le nouveau pontife entra avec empressement dans ses vues. Il désigna le cardinal Consalvi, diplomate actif et expérimenté, et Mgr Spina, archevêque de Corinthe, pour suivre les négociations qui allaient s'ouvrir; le chef du gouvernement français, de son côté, chargea un diplomate habile, Cacault, de se rendre à Rome, en qualité de ministre plénipotentiaire, dans le même objet. Le résultat de ces conférences, fort accidentées, souvent interrompues, fut la signature du Concordat du 15 juillet 1801, à la suite duquel le cardinal Caprara fut envoyé légat *à latere* près du gouvernement consulaire. Il arriva à Paris le 4 octobre. Vers la même époque, le premier consul eut à faire choix d'un conseiller d'État chargé de la direction générale des cultes, et ce choix se fixa naturellement sur Portalis. C'était l'homme, en effet, que la constance héréditaire de ses sentiments religieux, ses vastes connaissances dans les matières canoniques, et l'onction persuasive de sa parole, rendaient propre entre tous à représenter le gouvernement dans ses rapports avec le clergé. Ses attributions consistaient à préparer les projets de lois, règlements et décisions concernant la matière des cultes, à proposer à la nomination du premier consul les sujets propres à remplir les places de ministres des cultes différents, et à examiner avant leur publication en France tous les rescrits, bulles et brefs de la cour de Rome. Toute la correspondance relative à ces divers objets lui était également et exclusivement dévolue.

Portalis se montra dès le début à la hauteur de cette immense et délicate tâche. Son premier soin fut de provoquer, en conformité de l'article 3 du Concordat, la démission de tous les évêques alors en fonctions, et de leur donner pour successeurs les ecclésiastiques les plus recommandables par leur piété, leur sagesse et la continuation de leurs services pendant la terreur.

Cette épuration souleva de nombreuses et de graves difficultés. « Les noms des évêques constitutionnels, dit un écrivain de nos jours, effarouchaient la foi des chrétiens ; les noms des anciens évêques irritaient la conscience des révolutionnaires ; le choix même des noms semblait injurieux pour les noms exclus, et enfin les noms nouveaux pris parmi les prêtres qui avaient souffert pour l'Église, étaient une protestation de plus contre les régimes oppresseurs : mille souvenirs étaient excités, mille passions étaient frémissantes ; jamais la souveraineté spirituelle et la souveraineté politique n'avaient eu à accomplir une révolution aussi souhaitée et aussi combattue, aussi nécessaire et aussi périlleuse (1). »

Ces obstacles ne découragèrent point le zèle de Portalis. Il s'entendit à cet égard avec ce fameux abbé Bernier, depuis évêque d'Orléans, qui, après avoir longtemps stimulé et partagé les efforts des Vendéens contre le gouvernement conventionnel, s'était rallié au régime consulaire avec un empressement si spontané. L'abbé Bernier, alors simple curé de Saint-Laud, avait pris une grande part à la conclusion du Concordat, qui portait sa signature à côté de celles de Joseph Bonaparte et de Crétet, plénipotentiaires du premier consul. Un autre ecclésiastique moins connu alors, célèbre plus tard par la fermeté de son caractère et par les persécutions du pouvoir

(1) *Histoire de France*, par M. Laurentie, tome 7, chap. Ier. (Edit. de 1858).

impérial, exerça un ascendant très-grand encore sur ses déterminations. Ce fut l'abbé d'Astros, secrétaire et neveu de Portalis, dont le concours devint particulièrement précieux à son oncle par ses intelligences avec la légation romaine (1).

(1) Paul-Thérèse-David d'Astros, qui fut successivement vicaire-général de l'archevêché de Paris, évêque de Bayonne, archevêque de Toulouse et cardinal, était né dans la petite ville de Tourves, en Provence, le 15 octobre 1772. Son père, avocat au Parlement de Paris, avait épousé la sœur de Portalis. Le jeune d'Astros fit avec éclat ses études théologiques au pensionnat du *Bon-Pasteur* de Marseille. Il se prononça énergiquement, en 1792, contre la constitution civile du clergé et servit pendant quelques mois dans les rangs de l'armée. Mais sa santé ne pouvant s'accommoder de la vie pénible des camps, il quitta le service militaire, fit régulariser sa retraite, et vint dans sa contrée natale remplir au péril de ses jours les fonctions alors proscrites de son pieux ministère. Lorsqu'après le 18 brumaire et la signature du Concordat, Portalis, son oncle, fut appelé à la direction des cultes, il fit venir auprès de lui le jeune d'Astros en qualité de chef de son cabinet. Les services qu'il eut l'occasion de rendre fixèrent sur lui l'attention du gouvernement. Il fut nommé chanoine de Paris, grand-vicaire de l'archevêché d'Orléans, d'où il passa en 1805 aux mêmes fonctions auprès du vénérable du Belloy, archevêque de Paris. Ce fut l'abbé d'Astros qui, sur l'initiative de Portalis, rédigea le catéchisme de l'empire. Lorsqu'éclatèrent, en 1809, les premières hostilités entre Pie VII et Napoléon, l'abbé d'Astros se déclara ouvertement en faveur du souverain pontife, et refusa de reconnaître pour archevêque le cardinal Maury, que l'empereur avait nommé au mépris de toutes les règles canoniques. Cette résistance attira sur lui le ressentiment de Napoléon. L'abbé d'Astros fut arrêté le 1er janvier 1811, conduit au donjon de Vincennes et menacé de mort. M. Portalis, son cousin, alors directeur-général de la librairie, fut entraîné dans sa disgrâce et perdit tous ses emplois. La captivité de l'abbé d'Astros, aggravée par d'excessives rigueurs, se prolongea jusqu'à la chute de l'empire. Il entra en 1817 dans le corps épiscopal par l'évêché d'Orange, d'où il fut promu successivement à ceux de Saint-Flour et de Bayonne. Il prit possession, sur la fin de 1830, de l'archevêché de Toulouse, et y résida jusqu'à sa mort, qui eut lieu le 29 septembre 1851. — Le cardinal d'Astros portait dans un corps frêle une âme fortement trempée, également à l'épreuve de la faveur et de la persécution. Le trait suivant, que j'emprunte à son digne historien, le P. Caussette, résume son caractère tout entier. En 1845, son élévation au cardinalat lui était annoncée de jour en jour. Une dépêche du ministère des cultes parvient au

Le premier consul adopta généralement les vues de son conseiller. Mais, influencé par les avis et les manœuvres de Fouché, ministre de la police générale, il persista à conférer l'épiscopat au clergé de la révolution dans une proportion plus forte que celle qui lui était proposée. Le souverain pontife, de son côté, inclinait à un parti tout opposé, et repoussait absolument de l'épiscopat tout ecclésiastique assermenté. « Il ne convenait pas, objectait Pie VII, de commettre à la place des confesseurs de la foi les anciens usurpateurs de leur autorité ; à la direction des prêtres, des pontifes qui en avaient reçu l'exemple ; à l'édification des fidèles, des vies entachées ; à la surveillance des doctrines, des docteurs qui avaient besoin d'être surveillés (1). » Le cardinal Caprara résista vivement et longtemps, et ne céda qu'avec la réserve d'exiger des *constitutionnels* nouvellement promus une rétractation qui couvrît cette condescendance du Saint-Siège. En résumé, sur *quatre-vingt-un* prélats invités à se démettre, *quarante-cinq* cédèrent sans résistance, *trente-six* refusèrent, et le premier consul

soir au palais archiépiscopal ; elle est remise au prélat par ses prêtres impatients d'en voir rompre le sceau ; mais il regarde sa montre, qui marque l'heure habituelle de son coucher, et se retire. Le lendemain, le pieux archevêque vaque à ses exercices ordinaires, et ne songe pas même à demander sa dépêche. Elle lui est remise à l'heure accoutumée de son travail. C'était sa promotion, qu'il accepta avec la même tranquillité, je dirai presque avec la même résignation qu'il avait mise à subir, quelques années avant, les persécutions du gouvernement impérial.

(1) *Vie du cardinal d'Astros*, par le P. Caussette, page 87. Voir, pour de plus amples détails, la note écrite sur ce sujet par le cardinal Consalvi le 30 novembre 1801, et insérée par M. Artaud dans son *Histoire de Pie VII*, tome 1, pages 207 et suivantes.

exigea la nomination de *douze* évêques constitutionnels.

Un objet non moins essentiel préoccupa simultanément Portalis : ce fut la rédaction des articles organiques destinés à accompagner et à compléter le Concordat. Ces articles furent l'œuvre spéciale de Portalis et de l'abbé Bernier, et ne donnèrent lieu à aucune négociation préalable avec la cour de Rome, circonstance dont le souverain pontife se prévalut justement plus tard, lors des réclamations qu'il adressa au gouvernement français sur l'ensemble de ces dispositions.

Les articles organiques ont été jugés avec sévérité par un grand nombre d'esprits. Quelques membres du clergé sont allés jusqu'à y voir, « sous l'apparence d'un modeste règlement administratif, l'empiètement le plus effronté du temporel sur le spirituel, une déloyauté à l'égard de Rome, une tyrannie contre l'Église (1) ; » et ces accusations ont conservé assez de force pour avoir suscité de nos jours de savantes et chaleureuses apologies (2). Sans admettre les critiques quelquefois injustes, plus souvent exagérées, auxquelles ils ont donné lieu, on ne peut disconvenir que ces articles ne portent l'empreinte du principe

(1) *Vie du cardinal d'Astros*, pages 86 et 87.

(2) Voir notamment l'ouvrage de M. le vicomte Portalis, intitulé : *Coup-d'œil sur la Législation française en matière religieuse*, et les remarquables rapports faits en 1845 à l'Académie des sciences morales et politiques, sur les *Discours, Rapports et Travaux inédits* et sur la *Défense des articles organiques*, de J.-E.-M. Portalis, par M. Ch. Giraud et M. Dupin.

d'unité excessive qui inspirait alors les conseils du gouvernement. On y reconnaît aussi, à travers les bienséances de la rédaction, ce sentiment d'opposition méticuleuse contre le Saint-Siége qui appartenait aux passions du temps et que reflétaient trop fidèlement les assemblées représentatives du pays. La majeure partie de ce document ne constituait en réalité, comme le remarqua Portalis lui-même, « qu'une reproduction sommaire des franchises et des maximes de l'ancien épiscopat français : la limitation de la puissance ecclésiastique aux choses purement spirituelles ; la supériorité des conciles généraux sur le pape ; l'obligation commune au pape et à tous les autres pasteurs de n'exercer leur autorité ou leur ministère que d'une manière conforme aux canons reçus dans l'Église. » Tel était le sens général de la majorité des articles organiques. Mais, à côté de ces textes surannés, s'étaient glissées quelques nouveautés d'un caractère moins inoffensif dans la disposition généralement sceptique des esprits et les conditions d'affaiblissement matériel où la révolution de 1789 avait placé le clergé. De ce nombre étaient la suppression absolue des établissements religieux autres que les chapitres et les séminaires, l'assimilation des évêques et des curés dans l'exercice de leur ministère, l'attribution au corps épiscopal de la surveillance sur la foi et la discipline, sans mention du pouvoir pontifical ; l'obligation imposée aux évêques d'envoyer annuellement au ministre les noms des jeunes gens qui se destinaient à l'état ecclésiastique, l'atteinte portée aux règles canoniques par la prorogation abusive des pouvoirs des vicaires-généraux après la mort de leur évêque, et quelques autres dont nous parlerons plus tard en essayant d'apprécier la participation de Portalis à ces mémorables actes.

Ce fut Portalis lui-même qui, le 5 avril 1802, présenta à la sanction du Corps législatif le Concordat et les articles organiques, parmi lesquels plusieurs consacraient au profit des protestants une tolérance sagement entendue. Quelques jours avant, dans un rapport au conseil d'État écrit avec précision et fermeté, l'orateur s'était particulièrement attaché à motiver le droit d'intervention du gouvernement dans les matières religieuses, et à démontrer que les articles organiques étaient fondés sur ce principe. La conclusion de ce rapport résumait avec fidélité l'esprit dans lequel il avait été conçu. « Les sciences, y disait-il, ont banni pour toujours la superstition et le fanatisme; la sagesse ramène à l'esprit de la pure antiquité des institutions qui sont par leur nature la source et la garantie de la morale, et désormais les ministres de la religion seront dans l'heureuse impuissance de se distinguer autrement que par leurs lumières et leurs vertus. » Dans son exposé au Corps législatif, Portalis, reprenant les choses de plus haut, développa successivement les propositions suivantes. Il justifia la nécessité de la religion en général, démontra l'impossibilité de fonder une religion nouvelle, caractérisa dans quelques lignes substantielles les avantages du christianisme, seule croyance appropriée à nos mœurs et à notre civilisation, et établit les limites raisonnables de la tolérance que le pouvoir temporel devait accorder à l'exercice des différents cultes. Portalis entra ensuite dans quelques explications sur l'esprit du Concordat passé entre le gouvernement français et le Saint-Siége, et combattit en terminant certaines objections spécialement dirigées contre les dogmes ou l'esprit du culte catholique, tels que le célibat des prêtres, l'intolérance de ses doctrines et ses tendances supposées en faveur des gouvernements absolus. Les articles organiques n'étaient mentionnés que d'une manière très-sommaire dans cet exposé, dont l'auteur résumait éloquemment tout ce qui avait été dit de plus concluant avant lui sur l'utilité des institutions religieuses considérées dans leurs rapports avec l'ordre social et politique. Le discours de Portalis, conçu avec une extrême habileté, et dans lequel il faisait d'ailleurs une part satisfaisante à la philosophie moderne, fut très-favorablement accueilli. Peu de jours après, Siméon, son beau-frère, au nom d'une commission spéciale, proposa au Tribunat l'adoption du Concordat et des articles organiques, qui furent sanctionnés à une grande majorité.

Cette approbation fut loin d'être universelle. Les articles organiques avaient, dès leur apparition, soulevé de vives protestations dans tous les rangs du clergé. Ils étaient devenus le sujet d'une correspondance suivie entre le cardinal Consalvi et Portalis, qui avait défendu son œuvre avec autant de savoir que de convenance et de fermeté. Cette lumineuse argumentation, que Portalis reproduisit sous diverses formes (1), a perdu de son importance par l'abandon successif de quelques-unes des objections qui l'avaient fait naître ; mais elle conserve sur plusieurs points un intérêt que nous essaierons de ne point affaiblir dans l'analyse que nous aurons bientôt à en présenter.

Un des premiers vœux de Napoléon, empereur, avait été que le pape Pie VII vînt imprimer à son pouvoir le sceau d'une consécration personnelle. Il comptait que la nouveauté et l'éclat d'un tel spectacle produirait une impression favorable sur les esprits ; car il n'ignorait pas que les hommes savent gré de les étonner. De longues et épineuses négociations furent ouvertes à cet effet, et ce fut dans l'intérêt ou dans la prévision de leur succès qu'il érigea, le 10 juillet, la direction générale des cultes en un ministère spécial. Ce décret était un acte de haute politique. En augmentant ainsi l'importance de cette administration, Napoléon donnait au clergé un gage éclatant de sa sollicitude. Il jugeait aussi qu'un titre plus éminent fortifierait la position de son représentant dans les conférences qu'il aurait à suivre pour le règlement

(1) On peut recourir, pour la connaissance textuelle des travaux de Portalis sur les articles organiques, à l'ouvrage publié par M. F. Portalis, son petit-fils, sous ce titre : *Discours, Rapports, etc., sur le Concordat de 1801* ; Paris, 1845, in-8°.

définitif des rapports entre les deux puissances.

La composition d'un ministère, dans un gouvernement absolu, ne saurait avoir la même signification politique que sous un régime représentatif. Le choix du maître n'implique guère, de la part de celui qui en est l'objet, qu'une condescendance plus ou moins entière à ses volontés. Il convient d'ajouter que, sous Napoléon, qui se connaissait en hommes, la faveur impériale était de plus un brevet irrécusable d'aptitude et de capacité. Le conseil des ministres, à l'époque où Portalis vint y prendre place, se composait en effet des hommes de ce temps les plus renommés par leur savoir, leur expérience ou leur dextérité. C'étaient, aux relations extérieures, Talleyrand, dont la vie ne devait être qu'une longue et élégante apostasie; à la guerre, Berthier, ordonnateur intelligent et sûr; à la justice, Régnier, esprit modéré; à l'intérieur, Chaptal, homme de science et d'organisation; à la marine, Decrès, administrateur rude, mais habile; aux finances et au trésor, Gaudin et Mollien, comptables très-estimés; à la police, Fouché, représentant cauteleux de l'élément révolutionnaire; à la secrétairerie d'État, Maret, homme estimable, mais aveuglément dévoué à la fortune et au génie de Napoléon. Observons en passant que l'empereur réunissait rarement ses ministres en conseil, et qu'il traitait plus habituellement les affaires dans un travail particulier avec chacun d'eux.

Le pape arriva à Paris au mois de décembre 1804,

et renouvela avec une vive insistance ses protestations contre les articles organiques. Il signala hautement ces articles comme excédant pour la plupart les libertés de l'Église gallicane, et comme « présentant une imitation fatale de la constitution imposée en 1790 au clergé français (1). » Lui-même, frappé de certaines inexactitudes échappées à Portalis à l'occasion des quatre articles de la déclaration de 1682, convint plus tard qu'il avait songé à mettre Napoléon en garde contre son conseiller ; mais il s'applaudissait de n'avoir pas suivi cette idée, *aimant*, dit-il, *M. Portalis, et faisant grand cas d'un homme qui accueillait honorablement les évêques* (2). Ces réclamations, dont la pensée n'avait pas été étrangère au déplacement longtemps indécis du souverain pontife (3), portaient principalement sur les points suivants (4) :

(1) *Hist. de Mgr Dubois de Sanzay*, archevêque de Bordeaux, par M. l'abbé Lyonnet, tome 2, p. 281.

(2) *Vie et pontificat de Pie VII*, par M. le chev. Artaud, tome 2, p. 10.

(3) On lit en effet dans le mémoire présenté à cette occasion à l'empereur, au nom du pape Pie VII, art. 2 : « Sa Majesté voudra bien assurer à Sa Sainteté qu'on lui donnera la satisfaction de l'écouter favorablement lorsqu'Elle lui prouvera irrévocablement qu'il y a quelques articles des lois organiques qui intéressent les libertés de l'église anglicane et les prétentions de l'ancien gouvernement. » Le pape renouvela cette demande en termes précis par une Note adressée le 2 septembre suivant au cardinal Fesch, ambassadeur à Rome.

(4) Nous donnons ici le résumé des griefs de la cour de Rome contre les articles organiques, tels qu'ils sont consignés dans un premier mémoire remis par le cardinal Consalvi au cardinal Fesch, et dans un autre mémoire adressé par le cardinal Caprara à M. de Talleyrand, ministre des relations extérieures. Ces documents se trouvent dans l'*Histoire du pape Léon XII*, par M. le chevalier Artaud.

Les articles organiques n'avaient pas été concertés avec le Saint-Siége. C'est donc mal à propos qu'on les avait présentés comme une explication du Concordat. Ils constituaient un code ecclésiastique en dehors de ce traité, et blessaient le principe constamment admis en France que « l'Église seule a l'autorité de décider les questions de doctrine et d'établir des règles de discipline. »

La clause qui soumettait la publication et l'exécution des bulles pontificales à l'autorisation du gouvernement était contraire à la liberté de l'enseignement ecclésiastique : le parlement lui-même dispensait de cette formalité les brefs de la pénitencerie.

L'article 2, qui interdisait aux délégués du Saint-Siége tout exercice de leur ministère sans l'autorisation préalable du gouvernement, l'art. 4, qui assujétissait à la même condition toute convocation de concile national ou métropolitain, offensaient la même prérogative. Ce dernier article supposait en outre une faculté d'examen contraire à l'esprit du catholicisme.

L'article 6, qui déférait au conseil d'État le jugement des *cas d'abus*, ne définissait point leurs caractères. Qu'arriverait-il, si l'abus dénoncé se trouvait conforme aux lois canoniques et en opposition avec les lois civiles?

L'article 15 attribuait aux archevêques la connaissance des plaintes portées contre la conduite et les décisions des évêques suffragants; mais il était muet sur le recours ouvert à ceux-ci contre les décisions dont ils croiraient avoir à se plaindre.

Par l'article 17, le pouvoir civil était constitué juge exclusif de la foi, des mœurs et de la capacité des évêques nommés, au mépris de l'autorité pontificale, seule en droit de conférer l'institution canonique.

L'article 26, par une opposition manifeste à la liberté du culte, n'accordait la prêtrise qu'aux aspirants âgés de vingt-cinq ans, tandis que l'Église abaisse cet âge à vingt-un ans pour le diaconat, et à vingt-quatre pour la prêtrise.

En n'admettant la bénédiction nuptiale qu'après la célébration civile, l'article 54 avait ce double inconvénient que les contractants se bornaient souvent à l'acte municipal, ou que, par une prétention blessante pour l'autorité religieuse, ils se croyaient en droit de forcer le curé à consacrer une union répudiée par les lois de l'Église.

L'article 61 obligeait les évêques, seuls juges des besoins des fidèles, à se concerter avec les préfets pour l'érection des succursales.

Les réclamations du Saint-Siège concernaient enfin l'enseignement des quatre articles de la déclaration de 1682, que la cour de Rome n'avait jamais admise, la célébration des dimanches et fêtes, et la prohibition d'affecter à des titres ecclésiastiques tous édifices autres que ceux destinés au logement, prohibition qui n'atteignait point l'exercice du culte protestant, professé par une minorité relativement faible.

Ces griefs, auxquels il faut ajouter ceux que nous avons sommairement énoncés plus haut, constituaient l'ensemble des objections élevées par la cour de Rome contre les articles organiques. Ils furent consignés par extrait dans un mémoire remis par le pape Pie VII à l'empereur Napoléon, qui le communiqua à Portalis, en l'invitant à y répondre.

Cette réponse fut l'objet de deux rapports du ministre à l'empereur, sous les dates des 21 et 30 ventôse an XII. Dans le premier, destiné à demeurer confidentiel, Portalis, faisant allusion aux limites dans lesquelles la cour de Rome avait circonscrit ses réclamations, félicitait le pape qui « abandonné à lui-même et à sa propre sagesse, n'avait pas tardé à sentir qu'il fallait mettre à l'écart les conseils de l'ambition pour tout rapporter à la véritable utilité de l'Eglise. »

Il s'appliquait à dissiper les scrupules du saint-père, touchant la célébration du mariage, en annonçant que le gouvernement avait autorisé les ministres du culte à refuser leur bénédiction à toute union de personnes divorcées ; et il déclarait surabondamment que ce refus ne serait jamais considéré comme un cas d'abus.

Même satisfaction était accordée au chef de l'Église, touchant la compétence de l'autorité appelée à connaître des délits commis par les ministres du culte : les accusations motivées sur des délits purement ecclésiastiques, ne pouvaient concerner que le pouvoir épiscopal, et l'autorité civile ne devait intervenir que quand les évêques auraient fait un usage évidemment abusif de leur juridiction.

L'article suivant présentait des espérances favorables à la dotation et par conséquent à la multiplication des séminaires, espérances déjà réalisées en partie par la présentation (12 ventôse an XII) d'un projet de loi dont Portalis avait éloquemment développé les motifs. Cet article annonçait des mesures destinées à améliorer le sort des vicaires-généraux, des chapelains et des desservants. Si, contre les réclamations du saint-père, la loi rigoureuse de la conscription militaire continuait à peser sur les jeunes aspirants ecclésiastiques comme sur les autres citoyens, le ministre donnait à espérer que l'empereur, « dont le génie, au milieu de toutes les dépenses de la guerre, avait déployé toutes les ressources de la paix en faveur du culte catholique et de ses ministres », trouverait dans sa haute sagesse les moyens « de concilier l'intérêt majeur de l'Etat avec les besoins de l'Eglise. »

Le ministre regrettait de ne pouvoir acquiescer à la demande du souverain pontife, en ce qui concernait la célébration des dimanches et des fêtes. Il remarquait avec raison que cette matière était de celles sur lesquelles les mœurs ont plus de force que les lois, et où les bons exemples sont plus efficaces que les peines. Mais il se prononçait en faveur des améliorations réclamées dans le personnel des instituteurs communaux, composé souvent de prêtres mariés et de religieux apostats, « moins faits pour instruire que pour corrompre la jeunesse » et annonçait que des ordres précis avaient été donnés en conséquence.

Ce premier rapport était terminé par la promesse de rendre l'église de Sainte-Geneviève au culte catholique, et de rétablir la célébration du culte quotidien dans la Cathédrale. Le ministre annonçait de plus la reconstitution de l'ordre des Missions étrangères et de celui des Sœurs hospitalières ; mais, avant de songer au rappel des anciennes congrégations, il regardait comme prudent de bien asseoir le clergé appartenant à la hiérarchie fondamentale de l'Église.

Un dernier chef était relatif au vœu formulé par le pape « que la religion catholique fût déclarée religion dominante de l'État. » Portalis combattait, dans l'intérêt même du catholicisme, l'adoption de ce vœu, « que ne comportait point la situation politique de la France. »

Le second rapport de Portalis reproduisait les mêmes conclusions sous une forme plus ample et en quelque sorte plus solennelle.

Tel fut le rôle important que remplit cet homme d'État dans ces négociations entre le pape Pie VII et Napoléon, qui inaugurèrent d'une manière si mémorable l'ouverture du dix-neuvième siècle. La participation personnelle de Portalis aux articles organiques est demeurée l'acte dominant de sa vie publique, celui de tous sur lequel il a laissé la plus vive empreinte de sa doctrine et de son caractère. Cette participation a été, selon les temps et les points de vue, diversement appréciée. Ceux qui ne l'ont envisagée que d'une manière absolue et sans préoccupation des circonstances particulières où elle se produisit, ont reproché à Portalis sa complicité dans l'origine en quelque sorte subreptice de la loi organique, une condescendance outrée pour les volontés souvent mal éclairées du pouvoir, une tendance blâmable à soumettre la discipline ecclésiastique à la juridiction civile représentée par le corps le moins indépendant de l'État.

Ces reproches perdent beaucoup de leur importance, quand on tient compte des obstacles au sein desquels Portalis entreprit le grand œuvre de restaurer un culte désorganisé par quinze ans de persécutions ou d'abandon.

Et d'abord, un point ne pouvait échapper à sa clairvoyance : c'est que le chef de l'État apportait à cette entreprise plus d'esprit politique que de véritable intérêt. Personne n'ignorait avec quelle légèreté dédaigneuse le général Bonaparte, lors de sa première campagne d'Italie, s'était exprimé, dans ses lettres particulières au Directoire, sur l'institution pontificale. On connaissait aussi la répugnance que le moderne Cyrus avait montrée, la veille du sacre, à régulariser son mariage par une consécration religieuse. Homme de pouvoir et d'unité, la religion, à ses yeux, était surtout un instrument de dépendance, un moyen puissant de discipliner et de moraliser les idées. En procurant satisfaction au pape par quelques concessions limitées, Napoléon conquérait à son gouvernement l'appui et la docilité du clergé; mais tout pas en dehors de cette étroite voie alarmait ses susceptibilités ambitieuses. Ces dipositions étaient entretenues par la répulsion brutale de son entourage militaire pour toute manifestation extérieure du culte catholique. Les mêmes répugnances appartenaient aux corps délibérants et menaçaient de se traduire en hostilités sérieuses dans le Tribunat, dont Napoléon n'avait point encore brisé la résistance. Les dispositions populaires étaient en harmonie malheureuse avec cet état de choses. Les sanglantes épreuves de 1792 et de 1793 avaient, il est vrai, arraché bon nombre d'esprits au scepticisme du dix-huitième siècle, et la société française sentait un besoin confus de chercher dans les vérités du christianisme un repos et des espérances qui l'avaient fuie depuis tant d'années. Mais que ce mouvement de réaction salutaire était faible encore et incomplet! Partage de certaines intelligences souffrantes ou privilégiées, le sentiment religieux était encore exilé des masses, et le premier bruit des négociations ouvertes entre le général Bonaparte et le Saint-Siège avait été accueilli comme une imagination ridicule par le peuple de la capitale, désaccoutumé de semblables rapports.

C'est sous la défaveur de ces circonstances que Portalis avait accepté la tâche glorieuse de réorganiser le catholicisme et de réparer, par l'ascendant de la religion, le désordre des intelligences. En présence des ménagements que commandait une situation aussi épineuse, il s'agissait moins du bien à faire que du mal à empêcher. Rendre acceptable un pacte entre l'Etat et l'Eglise à des assemblées encore imbues de tous les préjugés révolutionnaires, assouplir sans la désarmer l'autorité pontificale au joug des théories gallicanes retrempées dans l'absolutisme moderne, endormir sans trahison les méfiances du plus ombrageux des pouvoirs, exercer un empire modérateur sur des passions et des prétentions ennemies, tenir enfin d'une main ferme une balance exacte entre l'encensoir et l'épée : voilà la mission difficile que cet homme d'Etat avait à poursuivre. Et quand on considère que les articles organiques, demeurés intacts dans leurs points essentiels après tant de révolutions successives (1), constituent encore aujourd'hui l'un des fondements de notre droit public et la règle principale de nos rapports avec le Saint-Siège, on se sent naturellement amené à conclure que Portalis fit sortir de cette périlleuse épreuve tout le succès qu'il était raisonnable d'espérer. Car, en politique surtout, le succès n'est jamais que relatif, et se mesure surtout par

(1) Un décret impérial du 28 février 1810 permettait d'exécuter sans autorisation préalable, les brefs de la pénitencerie pour le *for intérieur*, et leva l'interdiction imposée aux évêques d'ordonner les ecclésiastiques sous certaines conditions d'âge et de fortune. Le même décret rapporta l'art. 36 des organiques qui, pendant la vacance des siéges épiscopaux, prorogeait *de droit* les pouvoirs des vicaires-généraux. Quelques autres articles, d'un intérêt plus secondaire, ont été abrogés ou modifiés par l'action du temps. Mais toutes les dispositions essentielles de la loi du 18 germinal an x ont été maintenues et sont encore aujourd'hui en pleine vigueur.

la nature et la portée des obstacles qu'il a eus à surmonter. Ainsi en a pensé l'un des organes les plus décidés, mais les plus éclairés des doctrines ultramontaines. « Le principe de nos erreurs sur l'œuvre de M. Portalis, dit le P. Caussette, c'est que nous la jugeons d'après les idées et les facilités de notre temps. Mais si nous le plaçons entre l'absolutisme de Napoléon d'un côté, et l'athéisme révolutionnaire de l'autre, à une époque où toutes les influences politiques lui étaient opposées, où il fallait cacher le cardinal-légat et sa croix dans des voitures pour ne point prêter à rire, et faire marcher les généraux au *Te Deum* de Notre-Dame, par force, comme des écoliers mutins, on comprendra que M. Portalis a été plutôt violenté que coupable, et qu'il doit être plaint plutôt que blâmé. Du reste, si on s'obstine à le blâmer quand même, ce ne doit être qu'avec reconnaissance, car ses fautes ont été heureuses dans ce sens, qu'en le maintenant au pouvoir, elles nous ont préservé d'un autre ministre en des temps où il n'était *pas un seul homme* capable de faire moins de mal que lui » (1). A ce jugement, qui, dans sa réserve même, puise une valeur incontestable, ajoutons un dernier trait : c'est que dans tout le cours de cette longue et délicate négociation, Portalis ne s'écarta pas des principes d'une irréprochable orthodoxie, et qu'il y garda invariablement envers le Saint-Siège ce caractère de

(1) *Vie du cardinal d'Astros*, p. 113 et 114.

bienveillance respectueuse qui avait distingué ses premiers écrits (1).

Avant de suivre Portalis dans la vaste et noble carrière que lui avait ouverte la reconstitution du culte catholique, nous devons appeler l'attention du lecteur sur un autre ordre de travaux qui, sans lui appartenir à un titre aussi exclusif, compteront toujours néanmoins parmi les plus notables fondements de sa renommée.

Il s'agit du Code civil.

(1) Voir, pour de plus amples détails sur les rapports de Napoléon avec le pape Pie VII, la curieuse et récente publication intitulée *L'Église romaine en face de la Révolution*, par M. Crétineau-Joly, liv. 2. Paris, 1859.)

QUATRIÈME PARTIE.

Part active que Portalis prend à la rédaction et à la présentation du Code civil. — Son concours à l'établissement du régime impérial. — Détails sur son administration des cultes.

(1800—1807.)

La pensée de refondre en un corps unique et homogène les éléments épars de notre législation civile, remontait en France à une époque déjà ancienne. Cette pensée avait inspiré à Domat un des plus beaux monuments de notre jurisprudence. Un des esprits les plus vastes et les plus lumineux du siècle dernier, le chancelier d'Aguesseau, s'en était sérieusement préoccupé. Mais, soit qu'il eût été rebuté par les obstacles que lui opposait la diversité des lois et des coutumes qui régissaient la France, ou par la crainte de porter une perturbation trop brusque dans les fortunes privées, soit enfin que les débats intérieurs qui remplirent les dernières années de son ministère l'eussent détourné de cette entreprise, il légua à ses successeurs le soin d'en élaborer l'idée. Le règne de Louis XV s'accomplit et celui de Louis XVI commença sans modifier cet état de choses; mais les cahiers de 1789 formulèrent presqu'unanimement le vœu d'une législation uniforme, et l'Assemblée constituante, dès le mois de juin 1790, posa le principe de la codification de nos lois. Ce principe, converti plus tard en une disposition formelle, devait avorter au milieu des préoccupations politiques qui remplirent son existence. Plus libre de ses mouvements, la Convention fit faire à la question un pas plus décidé. Cette Assemblée décréta parmi ses articles constitutionnels la rédaction « d'un Code uniforme des lois civiles et criminelles pour toute la République, » et, le 9 août 1793, Cambacérès donna lecture de la partie civile de cet immense travail au nom du comité de législation.

C'est ici le lieu de remarquer à quel point l'aptitude humaine est subordonnée à l'empire des circonstances au sein desquelles elle s'exerce. Ce même Cambacérès, ce jurisconsulte plein de savoir qui, par la supériorité de sa raison, mérita, plus tard, sous le régime impérial, d'être appelé comme Omer Talon, *le plus beau sens de son époque,* servit d'interprète en cette occasion à l'une des conceptions les plus défectueuses qui se fût encore produite à la tribune législative. Son projet de Code civil portait la vive et déplorable empreinte des principes anarchiques et des passions anti-sociales qui déréglaient alors les meilleurs esprits. La puissance paternelle y était ouvertement méconnue, le *pacte conjugal* était révocable à la volonté des époux ; la condition civile des enfants naturels s'y trouvait assimilée à celle des enfants légitimes, et le savant rapporteur exprimait en quelque sorte le regret que la même faveur ne fût pas accordée à ceux qui étaient issus de l'adultère, ce qui eût nécessairement impliqué l'abolition du mariage; la dot des enfants consistait uniquement dans l'apprentissage d'un métier d'agriculture ou d'un art mécanique; la concession testamentaire, dominée par cette doctrine impie, que *tout finit avec l'homme* (1), était assujétie aux plus étroites limites, et la faculté de disposer par donation participait aux mêmes entraves, car « il répugnait, disait le projet, de donner à un riche lorsqu'on a sous les yeux la misère et le malheur. » Enfin, le mari était destitué du pouvoir domestique, et la femme ne rencontrait dans le mariage nul appui pour sa faiblesse, et seulement une liberté indéfinie qu'aucune barrière ne séparait de la licence. Chose étrange ! le projet qui exagérait ainsi sans mesure toutes les théories de la philosophie moderne, sembla conçu dans un esprit *trop peu philosophique*. L'Assemblée le fit remanier par une commission spéciale, dont le rapport fut encore confié à Cambacérès. L'œuvre de l'éminent jurisconsulte fut écartée cette fois comme « trop laconique, » et la Convention, parvenue au terme de son existence, se sépara sans autre résultat.

Le Conseil des Cinq-Cents, héritier d'une partie de ses pouvoirs, s'occupa du même objet. Le 12 juin

(1) *Des Donations et testaments*, etc., par M. Troplong, somm. 12.

1796, Cambacérès soumit à cette assemblée, au nom de deux comités réunis, un projet de Code civil plus conforme aux principes d'une saine législation. Les droits des enfants nés hors du mariage cessèrent d'être assimilés à ceux des enfants légitimes, le divorce était rendu moins facile, les capacités testamentaires s'y trouvaient agrandies, et l'on sentait renaître dans l'ensemble de ce remarquable travail un respect supérieur pour les dogmes de la morale universelle.

Le brusque renversement du régime directorial ne permit pas de donner suite à la discussion sérieuse que cette nouvelle tentative commençait à provoquer, et dont on pouvait espérer quelques résultats satisfaisants.

Telles sont les phases successives qu'avait parcourues l'œuvre de codification de nos lois lors de l'établissement de la magistrature consulaire.

Les circonstances étaient éminemment favorables à la poursuite et à la conclusion de cette vaste entreprise. Le coup d'Etat du 18 brumaire, légitimé non par son succès matériel, mais par l'administration ferme, probe et régulière dont il avait doté le pays, avait imposé aux partis politiques une de ces trêves momentanées qui succèdent toujours aux grands ébranlements. Un sentiment universel d'admiration et de confiance unissait la France au jeune guerrier qui venait de l'arracher à un régime anarchique et corrompu. La tourmente révolutionnaire avait laissé dans les esprits un besoin immense de concentration et d'autorité. La division territoriale de 1789 préparait à ce besoin une satisfaction facile, et l'uniformité de l'organisation administrative appelait naturellement celle de la législation. Cette assimilation servait trop bien les vues ambitieuses du premier consul pour qu'il négligeât les moyens de l'établir. C'était, comme on l'a dit, un « bienfait habile ». Ses dispositions étaient particulièrement encouragées par l'appui que son pouvoir naissant empruntait à l'économie du nouveau Code touchant le régime successoral. Une correspondance intime, publiée récemment, nous apprend même que ce motif fut la raison déterminante, sinon le mobile unique de son empressement : « Etablissez le Code civil à Naples, écrivait quelques années plus tard Napoléon à son frère Joseph, tout ce qui ne vous est pas attaché va se détruire en peu d'années, et ce que vous voudrez conserver se consolidera... *C'est ce qui m'a fait prêcher le Code civil* » (1). L'idée d'une coordination générale de notre législation intérieure fut donc une des premières que le génie de Bonaparte s'appliqua à poursuivre et à féconder.

Le 12 août 1800, moins de huit mois après leur installation, les consuls arrêtèrent qu'une commission spéciale tiendrait, au ministère de la justice, des conférences pour la rédaction du Code civil. Cette commission se composait de MM. Tronchet, président du tribunal de cassation, Bigot de Préameneu, commis-

(1) Correspondance publiée par M. Ducasse, 5 juin 1806.

saire du gouvernement près ce tribunal, et Portalis, qui remplissait alors les mêmes fonctions près du conseil des prises. M. de Malleville, membre du tribunal de cassation, leur fut adjoint comme secrétaire-rédacteur. Le travail de la commission, aidé par la communication des documents que nous avons mentionnés plus haut, devait être remis au ministre dans un délai déterminé, puis présenté par lui aux consuls, et soumis à la discussion du conseil d'État, en présence des trois commissaires.

Portalis accepta la tâche qui lui était confiée, et cet acte de déférence envers le gouvernement consulaire est d'autant plus digne de remarque qu'il ne partageait nullement au fond les vues qu'il se trouvait appelé à seconder. L'uniformité dans la législation ne lui avait jamais paru une chose désirable ; il la considérait « comme un des grands moyens de préparer le despotisme », qu'il appelait si bien la *corruption de la monarchie* (1). Ses sentiments à cet égard se trouvent consignés dans deux documents divers par la date et la destination : l'un est sa *Lettre au garde des sceaux sur les édits de* 1788, que nous avons analysée plus haut ; l'autre est un rapport fait au Conseil des Anciens touchant la division des pouvoirs constitutionnels. Les motifs sur lesquels, en 1788, Portalis repoussait une législation uniforme, sont plausibles et faciles à pressentir : « Une telle législa-

(1) *De l'Usage et de l'Abus de l'esprit philosophique*, chap. 26.

tion, disait-il, peut convenir à une cité et à un gouvernement de peu d'étendue; elle ne saurait s'appliquer à un grand État composé de peuples divers, ayant des besoins et des caractères différents, des capitulations et des traités que les souverains sont dans l'heureuse impuissance de changer. » Cet ordre de choses ne subsistait plus lorsque, quelques années après, Portalis eut à s'expliquer sur l'organisation des pouvoirs législatifs, et son opinion ne s'était point modifiée. Quelles furent, en 1800, les causes d'une conversion aussi soudaine, aussi absolue? Portalis jugea-t-il en effet cette uniformité moins dangereuse sous le régime militaire du 18 brumaire que sous la monarchie caduque de Louis XVI, ou la domination mal établie du Directoire? Une telle conclusion ferait peu d'honneur à sa pénétration politique. Sa docilité s'explique plus simplement, selon nous, par l'ascendant irrésistible qu'exerce toujours en France tout pouvoir nouveau, surtout quand il s'annonce avec les caractères de la force et de la résolution.

La commission instituée par l'arrêté consulaire se mit immédiatement à l'œuvre, et procéda avec une louable activité. Les consuls firent preuve d'un sage esprit de maturité en ne présentant son travail au conseil d'État qu'après avoir provoqué les observations du tribunal de cassation et de tous les tribunaux d'appel de la république.

Cette discussion mémorable s'ouvrit le 23 juin 1801, sous la présidence du premier consul. Ce fut un spec-

7

tacle digne d'intérêt que la réunion de tous ces esprits éminents apportant à une œuvre commune le tribut des impressions variées que la diversité de leur origine, de leur savoir et de leurs destinées leur avait fait contracter, et délibérant sous l'impulsion dominante de ce jeune conquérant qui partageait des travaux étrangers jusqu'alors à ses méditations. Nourri dans les traditions du sol de Provence, attaché au vieux culte des Pandectes, Portalis défendait avec énergie, dans ces remarquables conférences, les doctrines du droit romain; né au centre de la France, Tronchet aspirait à faire prévaloir les principes du droit coutumier, et souvent des débats prolongés ne recevaient une solution définitive que de la volonté ferme, précise et judicieuse du héros chez qui le bon sens le plus pénétrant suppléait à l'insuffisance du savoir. Le travail sorti de cette puissante épreuve offrait une supériorité radicale sur les essais plus ou moins informes qui l'avaient précédé. Il déposait du progrès notable que, sous l'influence d'un meilleur régime, les idées d'ordre et de conservation avaient fait dans les esprits. L'enfant s'y trouvait replacé sous l'égide de la puissance paternelle; le mariage, ce fondement de la société civile, était remis en honneur et assujéti à des règles fixes et morales; le divorce y rencontrait de salutaires entraves; le droit de propriété y était rendu à ses lois naturelles, la faculté testamentaire favorisée dans une sage mesure, les droits civils de toute sorte nettement exprimés et solidement garantis.

Parmi les matières qui, dans le cours de cette longue discussion, fixèrent plus particulièrement la sollicitude de Portalis, on peut citer les nullités de mariage, la rescision des contrats pour cause de lésion, principe nouveau à quelques égards, dérivé de l'action en dol des lois romaines, et qu'il fit prévaloir après plusieurs séances de débats. Malgré le respect qu'il professait pour la sainteté du lien conjugal, Portalis se prononça pour le maintien du divorce. Il céda surtout à cette considération que depuis la proclamation de la liberté des cultes, le contrat de mariage était devenu essentiellement du domaine de la loi civile, et que cette liberté ne pouvait permettre à un seul culte de surmonter la faculté concédée par cette loi. Mais il admit toutes les prescriptions propres à restreindre les abus ou même l'usage d'une tolérance « condamnée par les mœurs publiques. »

La haute tâche d'exposer l'origine et l'esprit général des dispositions du Code civil fut naturellement dévolue à Portalis, qui s'en acquitta par un *Discours préliminaire* demeuré à la fois, dit un historien, « l'un des plus beaux morceaux de notre jurisprudence et de notre langue » (1). Jamais peut-être la philosophie de la loi n'avait emprunté des formes aussi nobles et aussi imposantes, une raison plus calme et plus éclairée, un langage aussi plein d'élévation, de sagesse et d'onction. Cet admirable

(1) Lacretelle, *Dix années d'épreuves*, chap. 23.

morceau, dont on ne sépare pas le discours que Portalis prononça lors de la présentation du Code civil au Corps législatif, a été traduit dans toutes les langues de l'Europe ; il a pris un rang classique parmi les études de la jurisprudence, et nous nous bornerons à en donner ici une analyse sommaire.

Portalis établit d'abord que cette transition violente d'un gouvernement à un autre qu'on appelle révolution, ne peut favoriser une bonne législation, parce que les dominateurs s'appliquent moins à rendre les lois plus justes ou plus sages, qu'à les accommoder aux passions ou aux intérêts de ceux dont ils ont besoin de conquérir l'adhésion et le concours. La révolution salutaire opérée dans la société par l'événement du 18 brumaire offre, à son avis, toutes les conditions favorables au perfectionnement de nos institutions civiles. L'orateur décrit éloquemment les bienfaits attachés aux bonnes lois ; il fait remarquer que la législation est surtout une œuvre de sagesse et de raison, et que le législateur exerce moins une autorité qu'un sacerdoce. Mais il doit être, ajoute-t-il, sobre de nouveautés, parce que la pratique seule peut dévoiler les inconvénients qui se cachent sous les avantages de la théorie, et, au lieu de changer les lois, il vaut presque toujours mieux présenter aux citoyens de nouveaux motifs d'aimer celles qui les régissent. Abordant plus spécialement l'objet de son discours, Portalis écarte l'opinion assez généralement reçue qu'un code français peut se borner à quelques textes précis sur chaque matière. Il n'en saurait être de la législation d'un grand peuple agricole, commerçant et industriel, comme de celle qui convient à une société plus réduite. Cependant il faut se garder aussi de la dangereuse tentation de tout régler et de tout prévoir. C'est à la jurisprudence de compléter l'œuvre de la législation. Mais cette puissante ressource ne peut s'appliquer qu'aux matières qui touchent aux actions et aux intérêts civils de la société : elle ne saurait s'étendre aux matières criminelles, où la volonté publique ne peut être représentée que par la loi. À ces éloquents prolégomènes, l'orateur fait succéder une exposition détaillée des prescriptions fondamentales du Code civil. Cette partie de son discours se fait remarquer par des considérations neuves et élevées sur le mariage; le maintien du divorce y est justifié avec réserve; les dispositions du Code relatives au droit de propriété et à celui de succession y sont motivées par les développements les plus philosophiques et les plus lumineux.

Malgré la faveur marquée qui accueillit ce beau travail, de vives oppositions se produisirent contre l'œuvre à laquelle il servait de préambule et de commentaire. Certains publicistes adressèrent au nouveau Code le singulier reproche de manquer de vues neuves et originales, et de n'offrir aucune grande conception propre à la société française (1). M. de Montlosier,

(1) M. Thiers, *Hist. du Consulat*, etc. Tome 3, liv. XIII.

alors émigré à Londres, en attaqua l'esprit dans divers écrits auxquels Portalis opposa une réfutation vive, solide, et qu'on peut citer comme un modèle de saine raison et de bonne critique (1). Cette réfutation, inédite jusqu'à nos jours (1844), ne fut point connue de celui à qui elle était destinée.

Dans son discours de présentation du Code civil au Corps législatif, Portalis s'attacha principalement à combattre le reproche de défaut d'originalité adressé à ce travail. « Connaît-on, s'écrie-t-il, un peuple qui se soit donné un code civil tout entier, un code absolument nouveau, rédigé sans égard pour aucune des choses que l'on pratiquait auparavant? Interrogeons l'histoire : elle est la physique expérimentale de la législation ; elle nous apprend qu'on a respecté partout les maximes anciennes, comme étant le résultat d'une longue suite d'observations. Jamais un peuple ne s'est livré à la périlleuse entreprise de se séparer subitement de tout ce qui l'avait civilisé, et de refaire son entière existence. Les théories nouvelles ne sont que les systèmes de quelques individus, les maximes anciennes sont l'esprit des siècles. »

Indépendamment de ces deux discours, Portalis prit une part active à la discussion du Code civil, par ses Exposés des motifs des titres de ce Code sur la publication des lois, sur le mariage, sur la propriété,

(1) Cette réfutation est reproduite textuellement dans l'ouvrage de M. F. Portalis, intitulé : *Discours, Rapports et travaux inédits sur le Code civil*, etc., p. 63 et suiv.

sur les formes et la nature du contrat de vente, sur les contrats aléatoires, enfin sur la réunion des lois civiles en un corps de lois sous le titre de Code civil. Ces exposés se font remarquer par des qualités analogues à celles que nous avons louées dans les deux discours. On en jugera par quelques extraits :

« La tête d'un grand législateur, dit-il, est une espèce d'Olympe d'où partent ces idées vastes, ces conceptions heureuses qui président au bonheur des hommes et à la destinée des empires. Mais le pouvoir de la loi ne s'étend point sur les choses qui ne sont plus, et qui, par cela même, sont hors de son pouvoir. L'homme, qui n'occupe qu'un point dans le temps comme dans l'espace, serait un être bien malheureux, s'il ne pouvait se croire en sûreté, même pour sa vie passée : pour cette portion de son existence, n'a-t-il pas déjà porté tout le poids de sa destinée? Le passé peut laisser des regrets, mais il termine toutes les incertitudes. Dans l'ordre de la nature, il n'y a d'incertain que l'avenir, et encore l'incertitude est alors adoucie par l'espérance, cette compagne fidèle de notre faiblesse. Ce serait empirer la triste condition de l'humanité que de vouloir changer par le système de la législation le système de la nature, et de chercher, pour un temps qui n'est plus, à faire revivre nos craintes sans pouvoir nous rendre nos espérances. »

Veut-il rassurer sur les abus de la richesse et des différences sociales, sa démonstration, suivant le mot d'un savant magistrat (1), se tourne en sentiment : « L'humanité, dit-il, la bienfaisance, la pitié, toutes les vertus dont la semence a été jetée dans le cœur humain, supposent ces différences et ont pour objet d'adoucir et de compenser les inégalités qui en naissent, et qui forment le tableau de la vie. » Ailleurs, c'est par un judicieux appel à leur intérêt, au sentiment de leur dignité, que l'orateur justifie la rigueur légale des devoirs imposés aux femmes mariées : « Les femmes, dit-il, connaîtraient peu leur véritable intérêt, si elles pouvaient ne voir dans la sévérité apparente dont on use à leur égard, qu'une rigueur tyrannique plutôt qu'une distinction honorable et utile. Destinées par la nature aux plaisirs d'un seul et à l'agrément de tous, elles ont reçu du ciel cette susceptibilité douce qui anime la beauté, et qui est sitôt émoussée par les plus légers égarements du cœur, ce tact fin et délicat qui remplit chez elles l'office d'un sixième sens, et qui ne se conserve ou ne se perfectionne que par l'exercice de toutes les vertus, enfin cette modestie touchante qui triomphe de tous les dangers, et qu'elles ne peuvent perdre sans devenir plus vicieuses que nous. Ce n'est donc point dans notre justice, c'est dans leur vocation naturelle que les femmes doivent chercher le principe des devoirs plus austères qui leur sont imposés pour leur plus grand avantage, et au profit de la société. »

(1) M. Hello, *Revue de législation*, octobre 1838.

Le succès ne répondit d'abord qu'imparfaitement à tant d'efforts. Le titre Ier du Code civil, officieusement communiqué au Tribunat, fut rejeté par le Corps législatif. Le premier consul se montra vivement exaspéré de cet échec, et l'histoire a recueilli les expressions emportées de son mécontentement : « Que voulez-vous faire, s'écriait-il, avec des gens qui, avant la discussion, disaient que les conseillers d'État et les consuls *n'étaient que des ânes*, et qu'il fallait leur jeter leur ouvrage à la tête ! Que voulez-vous faire quand un esprit tel que Siméon accuse une loi d'être incomplète, parce qu'elle ne déclare pas que les enfants nés de Français, dans les colonies françaises, sont Français ?..... J'ai lu le discours de Portalis au Corps législatif, en réponse aux orateurs du Tribunat ; il ne leur a rien laissé à dire, *il leur a arraché les dents*. Mais, quelque éloquent qu'on soit, parlât-on vingt-quatre heures de suite, on ne peut rien contre une assemblée prévenue, qui est résolue à ne rien entendre (1). » Enfin l'orage s'apaisa ; le Code civil, justifié des préventions qui l'avaient d'abord accueilli, prit place à la tête de notre législation moderne, et de tous les actes du régime consulaire, aucun ne contribua plus puissamment à calmer les passions soulevées et à rasseoir la société sur ses véritables fondements.

Il ne sera pas sans intérêt de résumer sommaire-

(1) *Hist. du Consulat et de l'Empire*, par M. Thiers, tome 3, liv. XIII.

ment ici les jugements que l'opinion publique, mûrie par un demi-siècle d'expérience, a portés sur le mérite définitif et sur l'influence de cette œuvre capitale.

Certains esprits se sont plu à voir dans l'œuvre de Napoléon le salut et la consécration des conquêtes de 1789. Cet hommage absolu, reproduit de nos jours par une adulation sans mesure, ne saurait être accepté comme une appréciation sérieuse. Muette ainsi qu'elle devait l'être sur les libertés publiques issues de la révolution, la législation consulaire s'est bornée à appliquer aux faits de la vie sociale l'un des principes essentiels proclamés par l'Assemblée constituante, celui de l'égalité civile. Sa mission ne pouvait aller au delà.

Les critiques qui ont été dirigées contre l'esprit général ou contre les dispositions [illegible]iculières du Code civil, se réduisent à deux principales.

On lui a reproché d'avoir tenu trop peu de compte des théories économiques, lorsque ses prévisions, a-t-on dit, auraient dû embrasser, dans toute l'étendue et la variété de ses rapports, le double phénomène de la formation et de la distribution de la richesse nationale. Le législateur, a-t-on ajouté, s'est trop préoccupé de la propriété territoriale et trop peu de la fortune mobilière et industrielle. Or, c'est le propre de la loi civile de réfléchir avec une entière exactitude la succession des faits économiques de la société qu'elle est appelée à régir.

Cette objection perd beaucoup de sa gravité quand

on considère qu'à l'époque de la discussion du Code Napoléon, les théories économiques étaient encore fort incomplètes, et que rien ne présageait le développement auquel elles seraient appelées quelques années plus tard, sous l'influence de la paix européenne. Le rôle du législateur, au lendemain de la grande révolution qui venait de s'opérer, ne consistait point à aborder des hypothèses plus ou moins probables : il était infiniment plus simple. Ce rôle se réduisait, comme on l'a vu, à réaliser dans la législation française les conséquences du double principe d'unité nationale et d'égalité civile que la France avait élaboré par un travail séculaire (1) et qu'avait consacré l'Assemblée de 1789. Ce programme est demeuré sur quelques points sans doute en arrière des besoins de la société nouvelle, et le Code civil a cessé d'offrir, à certains égards, l'expression fidèle de la France rajeunie (2); l'immutabilité n'est de l'essence d'aucune institution humaine. Mais ces lacunes et ces insuffisances ne sauraient accuser l'imprévision des législateurs de 1804, et l'on peut s'étonner qu'un tel grief ait pu trouver quelque valeur dans un esprit aussi solide et aussi judicieux que M. Rossi.

Une accusation plus sérieuse a été portée contre le système successoral établi par le Code Napoléon, et cette accusation, formulée avec insistance et dévelop-

(1) Rossi, *Mém. de l'Acad. des sciences morales et politiques*, 2e série, tome 2.
(2) Rossi.

pée avec talent, a progressivement acquis, surtout depuis quelques années, une importance qu'on ne saurait méconnaître.

En prohibant les substitutions, en attribuant à la puissance paternelle une disposition insuffisante, le législateur, a-t-on dit, a favorisé, dans le morcellement indéfini des propriétés immobilières, un des principes les plus dissolvants de la société.

Voici sur quelle argumentation s'appuient les promoteurs de cette thèse absolue.

Toute constitution sociale repose sur une double base : la religion et la famille.

La foi religieuse, altérée en France par les persécutions du dix-septième siècle et le scepticisme du siècle suivant, a reçu du régime révolutionnaire de 1792 des blessures qui sont loin d'être cicatrisées.

L'autorité paternelle, ce fondement de la famille, a été entraînée dans le même naufrage, et les attaques dirigées contre le principe même de la propriété, ont laissé dans les esprits des préventions et des tendances dont il ne faut pas se déguiser la portée.

Ce n'est pas dans un système de succession évidemment organisé en défiance de l'autorité paternelle que cet état de choses peut trouver un remède.

Le partage forcé de l'héritage paternel blesse les droits du père de famille, arbitre naturel des convenances propres à chacun de ses enfants. Il conduit, dans les classes aisées, la jeunesse à une indolence déplorable, et l'écarte de toute initiative importante.

Appliquée indistinctement aux enfants des deux sexes, il porte chaque homme prévoyant à fonder presque entièrement son avenir sur l'éventualité d'une riche alliance, et supprime ainsi les plus précieuses garanties du bonheur domestique. Également funeste à l'organisation du travail, ce régime délétère affaiblit chez les pères de famille, dans les classes pauvres, le principal stimulant de leur profession, et détermine leur retraite à une époque où ils pourraient donner une nouvelle impulsion à leurs entreprises. Le fatalisme de la loi divise les unités agricoles, industrielles et commerciales créées par la tradition, et l'organisation si défectueuse de l'industrie agricole en France, l'infériorité relative de la population, l'absence de nos succès en matière de colonisation et d'exploitation industrielle ne reconnaissent pas d'autre cause.

« Le système du Code civil, disait en 1831 un jurisconsulte célèbre, a le défaut de n'avoir aucun but déterminé, aucun esprit qui lui soit propre... il ne conserve point les biens dans les familles, comme le droit coutumier; il les en fait sortir comme le droit de Justinien (1). »

Que si, à ces vices matériels du système successoral de 1804, on ajoute les conséquences morales dont il est la source : la dispersion sacrilége des objets que la sollicitude du père de famille avait lentement recueillis, les espérances fondées sur la mort des pa-

(1) *Droit civil français*, par M. Toullier, tome 4, p. 151.

rents, les prélèvements anticipés sur les héritages, l'immixtion regrettable et dispendieuse des gens de loi dans le sanctuaire domestique, la perte du respect pour la vieillesse et le mépris graduel de toute subordination, on aura l'ensemble des griefs articulés contre le régime de transmission institué par le Code civil (1).

Cette argumentation, on doit en convenir, emprunte quelque force à l'exemple des avantages que l'Angleterre, la Sardaigne, la Russie, le nord de l'Allemagne et les États-Unis ont retirés d'un système de succession contraire au nôtre, et de l'affaiblissement des États dans lesquels a prévalu l'égalité des partages; tels sont l'Espagne, la Turquie et quelques provinces du centre de l'Europe. Les conséquences d'une telle connexion paraissent faciles à tirer. Nous en fortifierons la puissance par deux témoignages d'une valeur incontestable. L'un émane de l'empereur Napoléon, ce promoteur suprême du Code civil; l'autre est dans l'essai législatif tenté en 1826, vingt-deux ans après la promulgation de ce Code, pour modifier des prescriptions dont la tendance commençait à alarmer beaucoup de bons esprits.

(1) Voir une série d'intéressants articles publiés à ce sujet, par M. Le Play, conseiller d'État, auteur des *Ouvriers des Deux-Mondes*, dans la *Patrie*, pendant les mois de juin 1857 et de mai 1858. M. Le Play rapporte à l'appui de sa démonstration une particularité qui mérite d'être recueillie. Au congrès de 1815, le représentant de la Grande-Bretagne demandait qu'on restreignît les frontières de la France; mais ne pouvant l'obtenir : « Après tout, s'écria l'ombrageux diplomate, *leur système de succession nous suffit!* » L'authenticité de cette curieuse anecdote est garantie par le nom recommandable du personnage qui l'a rapportée, et que je regrette de n'avoir pas la permission de faire connaître.

Personne moins que Napoléon ne s'abusait sur les conséquences démocratiques de l'égalité des partages ; mais son admirable coup-d'œil avait également entrevu tout ce que ce régime offrait de favorable au pouvoir absolu (1). Dans sa lettre au roi Joseph, que nous avons eu déjà l'occasion de citer, il disait encore : « Le Code civil constitue votre puissance, parce que par lui *tout ce qui n'est pas fidéi-commis tombe,* et qu'il ne reste plus de grandes maisons que celles que vous érigez en fiefs. » C'est dans cette pensée machiavélique que Napoléon avait conçu, quelques mois avant, l'institution des majorats, dont l'effet était de produire l'inaliénabilité des biens qui y étaient affectés. Mais cette loi n'aboutit guère qu'a satisfaire de nouvelles vanités ; son application restreinte ne constitua qu'un obstacle insensible aux progrès du morcellement, et il fallut recourir à des moyens plus efficaces.

En présentant à la Chambre des pairs, le 10 février 1826, le projet de loi qui, en cas de silence du défunt, attribuait la quotité disponible à l'aîné de

(1) Cette double combinaison n'échappa point à l'un des défenseurs les plus ardents, mais les plus éclairés de la loi de 1826. « Nos lois actuelles sur les successions, disait M. le comte de Montalembert, ont le déplorable avantage de se combiner également bien avec le régime républicain et avec le despotisme... La société actuelle est divisée en deux classes, dont l'une, livrée au commerce, à l'industrie, au travail manuel, penche vers les idées républicaines ; l'autre, en possession des places, des dignités, se laisse entraîner vers les principes du pouvoir absolu. Il est évident que pour éviter un choc et maintenir l'équilibre, la forme de notre gouvernement exige qu'il y ait une classe intermédiaire... C'est cette classe que le projet de loi est destiné à conserver en arrêtant le morcellement des terres et en reconstituant le patrimoine des familles. »

ses fils, M. le comte de Peyronnet, garde des sceaux, proclamait nettement l'incompatibilité du principe monarchique avec la division indéfinie du sol ; car, disait-il, « l'individu, c'est la famille, l'homme collectif, l'homme qui succède et se perpétue, l'homme qui ne change point et ne veut rien changer. Or, la famille ne se forme qu'en prévenant le morcellement des propriétés, en favorisant la conservation des patrimoines, en prolongeant la possession de la terre, la seule chose qui puisse avoir parmi nous de la fixité et de la durée.... L'intérêt de l'État ne consiste pas seulement à fonder une aristocratie stable, qui puisse devenir un contrepoids utile dans le mouvement des affaires et des opinions ; il consiste principalement à répandre et à généraliser dans la nation l'esprit de famille ; à fixer le plus grand nombre possible de propriétaires dans leur fortune et leur condition ; à mettre un frein à l'esprit d'inquiétude, de turbulence et d'individualité qui domine encore parmi nous... » Abordant enfin une objection qui s'offrait naturellement à l'esprit : « La loi actuelle, continuait le ministre, serait irrépréhensible si elle ne mettait elle-même obstacle à son exécution. On ne donne pas la quotité disponible, parce qu'il faudrait prendre la résolution et le soin de la donner. On ne nie pas que cela ne fût bon pour l'État et pour la famille ; on serait même satisfait que cela se fît, mais sans sa participation, et, pour ainsi dire, sans sa volonté. On se plaint des lois qui ont affaibli la puissance paternelle, et on néglige ce que ces lois en ont conservé. On craint les reproches et presque l'aversion de sa famille en travaillant à lui assurer une existence heureuse et durable. En un mot, c'est dans les mœurs plutôt que dans les lois qu'est le mal. Mais qu'importe où soit le mal, s'il existe? Il faut, selon le lieu et le temps, corriger tantôt les lois par les mœurs, tantôt les moeurs par les lois. »

Ces considérations ne purent prévaloir contre le déchaînement des préventions politiques. Mal à propos qualifiée de loi du *droit d'aînesse*, d'entreprise aristocratique (1), taxée « d'inhabile attaque contre le principe de l'égalité et d'atteinte aux mœurs publiques et privées, » la loi de 1826, frappée d'une irrémédiable impopularité, succomba dans sa prescription la plus essentielle; elle ne retint que l'autorisation accordée aux pères de famille, de substituer, au profit de leurs enfants, ceux de leurs biens formant la réserve dont ils avaient la libre disposition (2).

(1) M. Le Play remarque très-ingénieusement que jusqu'au règne de Henri VIII, la liberté testamentaire n'appartint en Angleterre qu'aux petits propriétaires et aux paysans. Le régime de transmission intégrale n'est donc point une institution *aristocratique*, comme on a affecté de le répéter, et si cette proposition avait besoin d'être justifiée, nous nous bornerions à rappeler que ce régime est en vigueur dans une grande partie de la république démocratique des États-Unis. La transmission intégrale est, à tout prendre, plus favorable à la petite qu'à la grande propriété, et si les classes moyennes, en général, s'y sont montrées jusqu'à présent si opposées, cette répulsion ne peut s'expliquer que par la répugnance plus instinctive qu'éclairée que leur inspire toute institution empruntée à l'ancien régime.

(2) Cette loi a été abrogée par celle du 0 mai 1849.

De tous les reproches adressés au Code civil depuis sa publication, celui que nous venons d'analyser est le seul qui, à travers quelques exagérations, ait conservé une véritable importance. Nous n'essayerons point d'en infirmer la valeur. Nous reconnaîtrons aussi que le système de subdivision de la propriété territoriale compte de nombreux partisans, et que d'excellents esprits (1) le regardent comme la barrière la plus insurmontable qui, dans la situation actuelle de la société, puisse être opposée aux débordements toujours menaçants des doctrines anarchiques. Nous n'avons point à nous prononcer entre ces opinions opposées, dans un débat sans liaison directe avec notre sujet. Il nous suffira de faire remarquer que les législateurs de 1804, en rétablissant au profit des pères de famille la quotité disponible, impitoyablement sacrifiée par les lois révolutionnaires, avaient fait faire un pas immense à l'esprit de conservation. Et, si l'on juge de l'esprit d'alors par les tendances et les répulsions du temps actuel, on reconnaîtra sans peine qu'il n'était guère possible d'obtenir un meilleur résultat.

En dépit de ces imperfections, le Code civil n'en subsistera pas moins comme le monument le plus pur et le plus durable du règne de Napoléon, « comme le

(1) Voir les considérations remarquables exposées par M. Troplong, en tête et aux nos 12 et suivants de son Traité des testaments et donations, dans son *Code civil expliqué,* et le discours prononcé par lui au comice agricole de Corneille, au mois d'octobre 1858.

véritable traité d'incorporation à la France de tous les peuples que les traités ou la conquête lui avaient réunis. » Et, pour emprunter encore le langage de l'éminent publiciste dont nous avons déjà invoqué l'autorité, « tant que les noms d'égalité civile et d'unité nationale, c'est-à-dire, de puissance, de prospérité et de justice auront un sens parmi les hommes, la gloire de ses auteurs sera impérissable (1). »

Portalis avait fourni un gage décisif de la sincérité de son dévouement au nouveau régime, en exposant au Sénat, le 26 floréal an XII, les motifs du projet de sénatus-consulte organique qui établissait l'hérédité du gouvernement impérial dans la famille de Napoléon Bonaparte. Il développa avec beaucoup de force, à cette occasion, les avantages du pouvoir traditionnel sur le pouvoir électif, et conclut que celui-là seul était digne du titre d'empereur des Français « qui avait su agrandir leur territoire par ses triomphes, et les conduire au bonheur par la sagesse de son administration. »

Les admirateurs du talent et du caractère de Portalis regretteront sans doute la chaleur de ce concours prêté à l'élévation du soldat heureux qui venait de répandre avec tant de déloyauté le sang glorieux du dernier des Condé. Ils déploreront aussi que le même homme qui, dans sa correspondance avec Mallet-Du-

(1) Rossi, *Mém. de l'Acad. des sciences morales*, etc.

pan, avait paru favorable à l'idée d'une restauration constitutionnelle, se soit cru obligé d'exprimer le vœu que l'hérédité nouvelle vînt détruire « les espérances chimériques d'une ancienne famille qui se montrait moins jalouse de recouvrer ses titres que de faire revivre les abus qui les lui avaient fait perdre, et dont le retour, marqué par des secousses et des vengeances de toute espèce, deviendrait une source intarissable de calamités publiques et privées. »

Nous croyons que Portalis céda moins en cette circonstance à un sentiment de gratitude personnelle qu'à des considérations d'un ordre plus élevé. A ses yeux, comme à ceux d'un grand nombre d'esprits éclairés et sincères, le rétablissement du principe monarchique était un pas immense vers une restauration sociale. Par les menaces permanentes de l'anarchie, la France semblait condamnée à livrer aveuglément ses destinées au guerrier législateur qui avait reçu en quelque sorte des faveurs accumulées de la fortune le prestige d'une investiture anticipée. Le salut de la société française paraissait à ce prix. Triste effet des agitations révolutionnaires de légitimer ainsi, dans les meilleures consciences, l'origine et les développements du pouvoir absolu ! Il faut reconnaître que Portalis était d'ailleurs sans engagement direct avec la cause vers laquelle avaient incliné ses premières espérances. En concourant à l'exaltation du héros dont le bras ferme avait dompté l'anarchie, mis un terme aux proscriptions révolutionnaires, rétabli l'ordre et rouvert les temples, il se montrait fidèle aux principes de sa vie entière..Il ne vécut pas assez pour être témoin des égarements déplorables auxquels Napoléon fut entraîné par l'excès même de la puissance qui lui avait été prodiguée.

Pour les nations comme pour les individus, la Providence n'a guères de faveurs sans mélange. Cette époque de splendeur et d'ivresse, cette inauguration de la monarchie la plus forte et la plus glorieuse des temps modernes, fut marquée par un phénomène que l'histoire constate à regret. Nous voulons parler de la défaillance des caractères et de l'affaissement général de l'esprit politique. En présence de ce régime exclusif que la France saluait avec ardeur, qu'était devenue sa sollicitude pour ces libertés de 1789 si chèrement acquises, et pour la défense desquelles elle avait naguères arrosé de tant de sang les plaines de la Belgique, de l'Allemagne et de l'Italie! Ses antiques franchises provinciales elles-mêmes avaient péri, et le pouvoir parlementaire, ce pouvoir qui, « dans l'indépendance de la justice, gardait une image de la liberté(1), » s'était évanoui au premier souffle de la tempête révolutionnaire. Pour prix de tant de souffrances et de sacrifices, la France recueillait un ordre de choses où toutes les volontés individuelles devaient désormais s'absorber dans une volonté unique et irresponsable; où les mille voix de la presse allaient s'éteindre

(1) *Vie de l'Hôpital*, par M. Villemain.

pour ne laisser percer que la voix d'un maître absolu; où toutes les libertés publiques allaient disparaître dans un absolutisme militaire tempéré seulement par une chimérique et dangereuse égalité!

La soumission de la France s'explique par le prestige de gloire attaché au système impérial, et par la terreur extrême ou le mépris insurmontable que les précédents régimes lui avaient inspirés. Et néanmoins, ce fut un spectacle profondément triste que celui de l'empressement avec lequel ce peuple si fier, si impatient naguères du joug séculaire de ses rois, courut se précipiter aux pieds de son nouveau maître. Il y eut comme une émulation de servilité en présence de ce pouvoir que chacun venait adorer, que personne ne songeait à restreindre. L'usurpation d'un seul parut plus raisonnable que la condescendance de tous (1). Une adulation inouïe jusqu'alors sembla en quelque sorte accuser l'indigence ou la timidité passée de notre idiôme, et cette adulation, propagée, exagérée encore par une presse asservie, passionna de proche en proche toutes les imaginations. Docilité funeste, (2) d'où sortit dix ans plus tard cette réaction sans limites qui devait emporter deux trônes et trois générations de rois!

Peu d'hommes se défendirent de cet entraînement universel. Ces bruyants amis de la liberté, si bien

(1) *Mes rapports avec le premier consul*, par le général La Fayette.

(2) « Les peuples se vengent volontiers des hommages qu'ils nous rendent, » disait trop judicieusement Napoléon lui-même, dans sa fameuse lettre au prince des Asturies. (16 avril 1808.)

devinés et si bien dépeints par l'historien romain, (1) ne furent pas des derniers à y céder. Une plume contemporaine nous a montré ces vieux conventionnels, muets et résignés devant les dotations sénatoriales, uniquement appliqués à supputer « la part qui reviendrait à chacun dans le dividende commun » (2). Les doctrines, comme il arrive toujours, venaient de toute part en aide au succès. A l'aspect de ces faveurs qui stimulaient sous tant de formes la convoitise humaine, de ces distinctions ardemment recherchées et quelquefois offertes, nul ne semblait comprendre la puissance de l'abnégation ou la dignité d'un refus. De tous les genres de courage, le courage de ne rien être, et de savoir, comme dit Rousseau, « ne montrer que soi-même » a, de tout temps, été le plus rare en France. Ce fut dans la classe des écrivains, disons-le à l'éternel honneur des lettres, que se rencontra le plus d'indépendance. La pensée dénia ses hommages au conquérant altier qui prétendait lui faire porter la livrée de son génie. A des points de vue divers, mais toujours honorables, Delille, Lemercier, Chateaubriand, Ducis, Andrieux, résistèrent sans ostentation, sans bravade, et Fontanes sut ennoblir de quelques réserves l'expression de son dévouement. Mais quel affligeant contraste entre la puissance extérieure de

(1) *Ut imperium evertant, libertatem præferunt; si perverterunt, libertatem aggredientur.* (Tacite.)

(2) Mém. du comte Miot, tom. I. La publication de ces mémoires, pleins de particularités curieuses et peu connues sur l'origine du premier empire, est un hommage rendu à la tolérance du gouvernement actuel.

la France et son abaissement au dedans! Se pouvait-il que le même homme qui portait si haut et si loin le sentiment de la grandeur nationale, respectât aussi peu cette liberté intérieure, qui est aussi une des formes de la grandeur! L'histoire est pleine de ces anomalies, qui ne sont que d'éclatants témoignages de l'infirmité humaine.

Portalis venait d'être récemment promu au ministère des cultes, lorsque le portefeuille de l'intérieur, vacant par la démission de Chaptal, lui fut confié *par intérim* (20 thermidor an XII), en attendant l'arrivée de M. de Champagny, ambassadeur à Vienne. Il fit remarquer son court exercice par la sollicitude avec laquelle il pourvut à la difficulté des subsistances, à l'amélioration du régime des prisons, à la meilleure répartition de l'impôt. Familières à ses premières études, ces questions, moins élucidées alors qu'elles ne le sont de nos jours, n'offraient rien de supérieur à l'étendue de son intelligence. Mais cette diversion momentanée de ses fonctions habituelles n'a laissé qu'une trace presque insensible dans l'histoire du temps, et c'est à d'autres titres que Portalis devait fixer sur son nom l'estime de ses contemporains et les suffrages de la postérité.

Pour faire apprécier la valeur des services que Portalis rendit à la religion et à l'État pendant une administration dont la durée fut celle de sa vie, il faudrait en analyser tous les actes. Mais une pareille tâche excéderait nécessairement les limites que nous devons assigner à notre travail. Cette administration, toutefois, a laissé dans le pays une empreinte si profonde et si salutaire : elle personnifie si complètement d'ailleurs la noble figure historique de Portalis, qu'on nous pardonnera sans peine de lui consacrer quelques développements.

Une des premières institutions qui fixèrent sa sollicitude fut celle des Missions étrangères, dont les membres avaient été dispersés ou persécutés pendant la tourmente révolutionnaire. Dans un rapport adressé à l'empereur peu de temps après son avénement, Portalis s'exprimait ainsi à ce sujet : « Ce sont les missionnaires qui ont civilisé d'immenses contrées, et qui ont pour ainsi dire ajouté de nouveaux peuples au genre humain. Ils ont retiré des bois des sauvages errants et dispersés et leur ont procuré une subsistance assurée. Ils leur ont donné nos arts sans notre luxe, et nos besoins sans nos désirs. Il est glorieux pour les ministres catholiques d'avoir été les premiers à montrer dans les pays étrangers et presque inconnus, l'idée de la religion jointe à celle de l'humanité. Il n'y a que le sentiment de la religion qui ait pu les engager à braver tous les périls, à vaincre tous les obstacles, à mépriser toutes les commodités de la vie, à s'arracher à toutes les affections humaines pour porter au loin la morale et la vertu... Les missions étrangères, ne fussent-elles considérées que comme moyen de civilisation, mériteraient donc une protection spéciale. Mais quels avantages encore n'ont-elles pas procurés aux gouvernements qui ont su les encourager! Les facilités qu'ont eues les missionnaires de former des établissements dans les contrées les plus lointaines les ont mis à portée d'agrandir le commerce de leurs pays, d'ouvrir de nouvelles communications, et de préparer la source de nouvelles richesses. Ce sont des missionnaires qui ont porté jusqu'aux extrémités du globe la gloire du nom français, qui ont étendu l'influence de la France, et qui lui ont donné de nouveaux rapports avec des peuples dont on ignorait l'existence. Ce sont des missionnaires qui nous ont rapporté, en retournant dans leurs foyers, des connaissances précieuses pour les arts et les sciences; ce sont des missionnaires qui ont accru nos moyens de subsistance, en naturalisant parmi nous des productions nées sur un autre sol et sous un autre climat. » Ces hautes considérations furent appréciées; cependant elles n'atteignirent qu'une partie de leur objet. Par décret du 27 mai 1804, Napoléon ne rétablit qu'une seule compagnie de missionnaires, et celle de Saint-Lazare fut préférée comme la plus importante. Le gouvernement affecta à Paris un édifice spécial à la compagnie, et Portalis fit allouer une somme annuelle de 15,000 fr. au nouvel établissement.

Le sort des associations de femmes consacrées au service des pauvres n'intéressa pas moins vivement ce grand réparateur des désastres révolutionnaires.

Portalis suivit avec un zèle infatigable les démarches tendantes à la concession des immeubles qui pouvaient être utiles aux établissements de charité; et, comme la vérification de leurs statuts entraînait de regrettables lenteurs, il y pourvut en obtenant qu'ils fussent autorisés provisoirement, et le bien ne fut pas différé. Le sort des Sœurs de charité fut définitivement fixé au mois d'octobre 1802; ces pieuses filles furent placées sous la juridiction des évêques, mais soumises aux administrateurs des hospices pour tout ce qui concernait le service des malades. Un préfet ayant élevé des objections contre ce rétablissement : « N'oublions pas, lui répondit Portalis, dans une lettre longuement développée, n'oublions pas tous les grands biens dont l'humanité souffrante est redevable aux Sœurs de charité, aux Dames hospitalières, aux diverses réunions de femmes estimables qui, par une piété tendre, se sont consacrées au service des pauvres. Là où il n'existe point de pareilles institutions, les administrateurs sont forcés de confier ce service à des agents, à des mercenaires dont on peut à peine surveiller les fraudes, et à qui on ne saurait commander des vertus. *L'esprit de charité ne peut être suppléé par l'esprit d'administration.* »

La condition des desservants était misérable. Portalis fit porter à 500 francs le traitement annuel de ces utiles et modestes ecclésiastiques, et les communes furent chargées de pourvoir au sort des prêtres non rétribués par l'État.

Un usage touchant et respectable autorisait les pasteurs des communes rurales à donner des soins et des conseils gratuits à leur paroissiens malades. Cet usage suscita à ces ecclésiastiques quelques désagréments auxquels Portalis mit un terme. Il représenta au conseil d'État que la plupart des curés ou desservants, réduits au strict nécessaire, ne pouvaient guère distribuer aux pauvres de leurs paroisses que ce genre d'aumône, dont l'exercice n'était pas sans influence sur les intérêts de la religion. Il proposa de maintenir l'usage établi, pourvu que l'assistance des visiteurs fût absolument gratuite, et qu'il ne s'agît d'aucun cas propre à intéresser la santé publique. Ce sage avis fut adopté.

La célébration du dimanche, ce précepte si essentiel de la religion chrétienne, avait attiré l'attention particulière de Portalis. Plus que personne il gémissait du mépris dans lequel cette pratique était tombée en France par suite de l'invasion progressive de l'esprit philosophique. Il s'appuya des réclamations d'un grand nombre d'évêques pour demander à l'empereur la permission de prescrire la clôture des magasins, la cessation du travail et la fermeture des cabarets aux heures des offices. Mais ces idées ne furent point accueillies par Napoléon, qui ne se jugea pas assez puissant pour remonter le courant du siècle. Portalis se borna à répondre aux évêques qu'il partageait au fond leur opinion sur l'observation des pratiques extérieures de la religion, mais que « la disposition des esprits ne paraissait pas comporter encore un ordre formel à cet égard, et que toute mesure de rigueur augmenterait infailliblement le nombre des mécréants, sans accroître celui des chrétiens. »

L'attachement invariable de Portalis à la foi de ses pères était loin, comme on voit, d'exclure ces sentiments de tolérance que nous l'avons vu manifester dès les premières années de sa vie. Mais la tolérance ne procédait point chez lui, comme chez la plupart des hommes publics, d'un principe d'indifférence pour les idées religieuses : elle était au contraire le résultat d'une conviction profonde et éclairée de l'excellence du christianisme et de son véritable esprit. Portalis était tolérant à la manière de Fénelon et de d'Aguesseau. Sa correspondance abonde en témoignages à cet égard. Un zèle vraiment apostolique pour les intérêts de la religion y est constamment tempéré par la sagesse de l'homme d'État et la prudence du législateur. S'agit-il d'un cadavre auquel le *soupçon* de suicide a fait refuser la sépulture religieuse, il écrit à l'évêque diocésain que « les prêtres doivent en pareil cas se réfugier dans la charité évangélique, dont la maxime est que dans les choses incertaines il faut toujours supposer le bien, et qu'il leur appartient de prendre la défense de l'homme qui ne peut plus se faire entendre, et de faire valoir en sa faveur tout ce que le zèle pastoral est capable de leur suggérer. » Le 16 octobre 1802, l'abbé Marduel, curé de Saint-Roch, refuse son ministère à l'enterrement de Mlle Chameroy, artiste de l'Opéra. Portalis blâme cette conduite sous un double rapport : Mlle Chameroy avait fait appeler un prêtre peu de jours avant sa mort, et, d'après le genre du théâtre auquel elle appartenait, l'excommunication ne pouvait l'atteindre. Cependant cette affaire avait excité un grand émoi. On ne parla de rien moins que de l'arrestation de l'abbé Marduel ; mais Portalis résista à l'entraînement général, et trois mois de retraite infligés par son archevêque à l'imprudent pasteur, lui parurent une expiation plus que suffisante de l'inconsidération de son zèle.

L'évêque de Vannes s'étant plaint à lui de la tiédeur religieuse des fonctionnaires publics de son diocèse : « Je pense comme vous, lui répondit Portalis, que les personnes qui occupent les premières places dans un département ne devraient pas demeurer étrangères aux cérémonies religieuses. Mais en ce moment il serait imprudent de faire des monitions particulières à ceux de ces fonctionnaires qui ne sont pas frappés des motifs exprimés dans votre lettre. La religion n'est qu'une chose indifférente pour eux ; elle pourrait leur devenir odieuse, et vous savez combien il faut de ménagements pour ne pas rendre le bien même incommode. » Un curé déplore l'indifférence de ses paroissiens et même leur dédain pour les pratiques religieuses, et demande qu'il soit pris contre eux des mesures répressives : « Les mesures de rigueur, lui répond Portalis, aliènent les esprits sans les éclairer. Avec la douceur et la patience chrétienne, vous obtiendrez tôt ou tard ce que la force n'obtiendrait pas. Des exemples salutaires sont les vrais moyens de propager la religion en la faisant aimer. Votre zèle est louable ; mais vous devez avoir égard aux faiblesses humaines et ne vous distinguer que par votre charité. *C'est la charité qui a conquis le monde au christianisme.* »

L'opinion professée par Portalis à l'occasion des irrévérences commises pendant les cérémonies extérieures du culte, n'est pas moins sage et mérite d'être recueillie : « Le maintien décent qu'on exige de tout homme qui, pour quelque cause que ce soit, se trouve présent à une cérémonie religieuse, n'est point exigé comme un acte de croyance, dit-il, mais comme un devoir de sociabilité. Ce respect est le plus bel hommage que l'homme puisse rendre à l'homme. J'ajoute qu'un tel respect est une conséquence nécessaire de la tolérance que les fidèles des divers cultes se doivent réciproquement ; car la tolérance, dans le vrai sens de ce mot, n'est pas purement négative ; elle prescrit des égards et des ménagements auxquels on ne pourrait manquer sans méconnaître la première de toutes les lois, celle qui nous ordonne l'amour de nos semblables, et qui prend sa source dans ces affections bienveillantes sans lesquelles la terre ne serait pas habitée. On n'afflige jamais plus profondément les hommes que quand on méprise les objets de leur vénération ou de leur croyance (1). »

(1) Le projet de décret que Portalis présenta, en conformité de ces principes, ne fut point approuvé par l'empereur.

C'est animé du même esprit que Portalis décida que les citoyens devaient être assujettis à garnir de tentures les façades des maisons devant lesquelles passaient les processions : « Le respect pour la liberté des cultes, poussé jusqu'à l'indifférence, écrivait-il à ce propos, cesserait d'être un bienfait pour les citoyens, et il ne serait plus qu'un danger pour l'État. »

Portalis assura l'exécution d'une disposition formelle de la loi organique du Concordat, en faisant rédiger et promulguer un catéchisme uniforme pour tout l'empire français. Cette rédaction, calquée sur le catéchisme de Bossuet et confiée aux soins de l'abbé d'Astros, son neveu, fut soumise à l'approbation du cardinal Caprara, légat *à latere*, et sanctionnée par un décret impérial du 4 avril 1806, dont Portalis exposa les motifs avec une sage prévoyance. Nous extrairons de son rapport l'observation suivante : « Ceux qui pensent qu'on ne devrait point parler de religion et de morale aux enfants, méconnaissent la vivacité des premières impressions et la force des premières habitudes... Tout ce qui est moral n'est jamais recommandé inutilement dans un âge qui est celui du sentiment, de la confiance et de la bonne foi. Les instructions reçues dans la jeunesse ne s'effacent jamais et ne s'affaiblissent que très-difficilement ; elles deviennent, en quelque sorte, une seconde nature. »

La question du mariage des prêtres ne pouvait manquer de s'agiter plusieurs fois, à une époque si voisine des saturnales de 1793. Portalis établit une judicieuse distinction entre les mariages contractés pendant la révolution, et ceux dont la célébration était postérieure à cette époque. « On a pensé, écrivait-il à l'empereur, qu'il fallait être indulgent pour des actes que l'esprit de délire avait inspirés dans un temps de fermentation et de trouble. » Mais il se prononça avec sévérité contre tout encouragement favorable à des unions projetées en dehors de ces conditions, et provoqua du gouvernement des défenses absolues aux officiers de l'état civil d'y prêter leur ministère. « Il n'y aurait plus de sûreté dans les familles, observait-il, si un prêtre pouvait se choisir arbitrairement une compagne dans la société, et abdiquer son ministère quand il croirait pouvoir mieux placer ailleurs ses affections. Un prêtre a plus qu'un autre des ressources pour séduire ; on ne pourra jamais être rassuré contre lui, si la séduction est encouragée par l'espoir du mariage. Les pères de famille seront toujours dans la crainte, et de jeunes personnes sans expérience seront constamment à la merci d'un prêtre sans principes et sans mœurs. Ainsi, la religion elle-même offrira des piéges à la vertu et des ressources au vice. » Ces sages observations furent accueillies, et une décision impériale, rendue en 1807, défendit expressément aux officiers de l'état civil de procéder au mariage de tous les ecclésiastiques qui s'étaient remis en communion avec leurs évêques postérieurement au Concordat.

Indépendamment des établissements que nous

avons mentionnés plus haut, Portalis fit décréter l'organisation du chapitre de Saint-Denis (30 février 1806); il rétablit la maison des Missions à l'intérieur, provoqua la réorganisation des séminaires métropolitains, par un rapport (12 août 1806) empreint de la sollicitude la plus minutieuse et la plus éclairée, et fit restituer au culte l'église de Sainte-Geneviève. Par ses soins, une éducation plus chrétienne fut assurée aux établissements universitaires, et les consolations de la religion furent rendues aux prisonniers.

Les conférences que l'abbé Frayssinous venait d'ouvrir avec tant d'éclat à Saint-Sulpice avaient ému les susceptibilités ombrageuses du pouvoir, et cet ecclésiastique lui-même s'était vu contraint à justifier, devant le préfet de police de Paris, l'orthodoxie politique de ses prédications (1). Portalis dénonça vivement au ministre l'inconvenance de ce procédé. Il fit plus encore. Dans un rapport spécial à l'empereur, il prit avec force la défense de l'abbé Frayssinous et l'illustre orateur put continuer librement à répandre, du haut de la chaire sacrée, ses salutaires enseignements sur la jeunesse et sur l'élite de la population parisienne. Portalis couvrit de la même protection le clergé de la Belgique et celui du Piémont, que des rapports exagérés avaient représenté comme hos-

(1) Le principal grief du préfet de police contre l'abbé Frayssinous mérite d'être recueilli comme un témoignage curieux de l'esprit du temps. Ce magistrat reprochait au pieux missionnaire de n'avoir « jamais parlé de la conscription militaire, de la gloire de l'empereur et de celle de nos armées. » (Lettre de Portalis.)

tile aux institutions impériales. Il fit observer, à l'égard des ecclésiastiques piémontais, qu'on devait certains ménagements à des hommes « que tant d'événements politiques avaient froissés dans l'espace de quelques années. » Grâce à ses exhortations, toute mesure de rigueur fût suspendue, et l'on se borna à éloigner de l'épiscopat, par la réduction des diocèses, les prélats signalés comme dangereux. On remarqua, dit M. Jauffret, qu'aucun recours comme d'abus n'eut lieu sous le ministère de Portalis. Il parvint à étouffer plusieurs plaintes graves qui auraient pu avoir pour le clergé des conséquences fâcheuses, si elles eussent été portées au conseil d'État ou devant les tribunaux (1). Il s'opposa constamment d'ailleurs, comme on l'a déjà vu, à ce que la religion catholique fût déclarée religion dominante de l'État : « Une telle déclaration, objectait-il, réveillerait les haines passées et préparerait au catholicisme de nouveaux ennemis (2). »

Favorable en général, à l'établissement des ordres religieux qui pouvaient, comme il le disait, « servir d'asile à toutes les têtes exaltées, à toutes les âmes sensibles ou dévorées du besoin d'agir et d'enseigner (3), » Portalis retrouva toute la rigueur de ses principes parlementaires, lorsqu'il eut à se prononcer au sujet de l'association religieuse, qui, sous la dé-

(1) *Mém. sur les aff. ecclés. de France*, tome 1, page 240.
(2) *Vie et pontif. de Pie VII*, par M. Artaud, tom. 2, p. 25.
(3) Rapp. au premier consul, du 25 fructidor an X.

nomination de *Pères de la foi* ou *Pacanaristes*, parut disposée à faire revivre les statuts et les tendances de l'ancien institut des Jésuites. Il est remarquable toutefois que Portalis donna pour base principale à sa résistance des considérations tirées de l'état actuel des esprits, de l'impuissance de l'épiscopat renaissant, et qu'il considéra surtout comme prématurées les diverses tentatives employées pour rendre à un ordre religieux l'éducation de la génération nouvelle. « Le clergé séculier, à peine rétabli, disait-il, est encore trop faible pour pouvoir diriger et soutenir des établissements qui, dès leur naissance, seraient plus influents que les évêques (1). » Son esprit était trop éclairé pour ne pas entrevoir tous les dangers attachés à l'éducation purement laïque. C'est avec intérêt que, dans un rapport à l'empereur, le 27 germinal an XII, on le voit pressentir, bien plus encore que constater, les désordres de toute nature que l'organisation actuelle de l'instruction primaire menaçait de répandre dans nos populations rurales. « L'état d'instituteur dans une petite commune, y dit-il, ne saurait par lui-même offrir des ressources séduisantes à la vertu et au talent. Cet état peut tout au plus assurer à ceux qui l'exercent les moyens de subsistance et un modique entretien. Qu'en arrive-t-il? Tout homme qui n'a ni fortune ni métier, et qui ne peut aspirer à rien dans la société, se présente dans une

(1) Rapport du 19 prairial an XII.

petite commune pour y être instituteur; des hommes grossiers et ignorants le reçoivent sans examen, et, après avoir surpris la confiance, il met tous ses soins à en abuser. Ordinairement le maître d'école devient le rival du curé et le conseil du maire; les petits partis naissent; l'opposition des intérêts en amène souvent une dans les principes et dans la doctrine; pour diminuer l'influence du curé, on cherche à diminuer celle de la religion, et bientôt les familles, sans rien gagner du côté de l'instruction, perdent tout du côté des mœurs... Les esprits se montrent toujours alarmés quand on parle de donner quelque nouvelle attribution aux ecclésiastiques; il est pourtant d'une très-saine philosophie de les rendre utiles dans les choses où ils peuvent l'être, et où on peut les faire intervenir sans danger. L'essentiel est que le peuple des campagnes ne soit point livré à de fausses doctrines, et qu'il ne soit point égaré par des hommes qui n'offriraient aucune garantie. En général, les laïques ne regardent pas de très-près à ce qui intéresse les mœurs, et presque toujours ils sont encore plus indifférents à ce qui tient aux opinions religieuses, dont l'influence sur la multitude est si nécessaire. »

L'attitude généralement si sage et si élevée que Portalis déploya dans le cours de son ministère ne l'empêcha pas de payer tribut à l'esprit militaire de l'époque, et de mêler sa voix aux témoignages d'adulation qui contribuèrent si puissamment à égarer le moderne César sur la pente rapide du pouvoir absolu.

C'est le propre de l'énergie française de se retremper dans le péril des séditions civiles, et de s'amollir au contact de la force et de la grandeur. Cet antagoniste inflexible du coup d'État ministériel de 1788, cet athlète si intrépide en face d'une multitude ameutée, ce tribun si ferme à défendre les droits de l'humanité, l'indépendance illimitée de la presse et le régime des lois, contre l'oppression révolutionnaire ; ce philosophe enfin, qui, dans ses écrits, avait tracé d'une main si savante et si sûre les limites du pouvoir absolu, n'eut que des paroles d'encouragement pour le brillant capitaine qui venait d'étouffer, sous les émotions décevantes de la gloire, les derniers accents de la liberté ! Dans une lettre longtemps inédite, adressée à l'empereur le 4 janvier 1806, sur les anniversaires des victoires nationales, Portalis proposa de déposer dans un de nos temples l'épée que Napoléon portait à Austerlitz, sous la garde d'un chapitre spécial qui prendrait le titre de *chapitre de Saint-Napoléon*, et qui serait composé de douze membres choisis parmi les fils, frères ou autres parents d'un défenseur de la patrie. Portalis émettait l'idée d'attacher à ce chapitre un hospice pour les vétérans ecclésiastiques, dont les places seraient données par le ministre, « sur la présentation de trois sujets proposés par un maréchal de France ou un général de division ; » il voulait que l'église de Sainte-Geneviève servît de sépulture à tous les braves dont l'empereur ordonnerait que les cendres y fussent déposées. Enfin, il demandait qu'on obligeât le clergé à prononcer, le jour anniversaire de la bataille d'Austerlitz, un discours sur la gloire des armées françaises et sur le devoir imposé à chaque citoyen de consacrer sa vie à son prince et à sa patrie.

Le décret du 19 février 1806, qui intervint sur cette lettre et sur le rapport qui lui succéda, ne sanctionna qu'une partie de ces propositions.

CINQUIÈME PARTIE.

Mort de Portalis. — Hommages rendus à sa mémoire. — Analyse de son livre de *l'Usage et de l'Abus de l'esprit philosophique*. — Notice sur ses autres travaux. — Son portrait. — Examen de son caractère et de son influence.

Le moment approchait où cette vie si courte encore et cependant si pleine d'utiles et généreux services, allait ne plus subsister que comme un pieux souvenir. Dans le courant de l'année 1805, Portalis perdit presque entièrement la vue. Cette circonstance parut favorable à certaines personnes pour éloigner du ministère un homme qui avait si puissamment concouru à la restauration du culte et réorganisé avec tant de sagesse la discipline ecclésiastique. On parla, pour lui succéder, de M. de Pradt, alors évêque de Poitiers. Mais Napoléon déjoua cette intrigue en donnant à Portalis pour coadjuteur son propre fils, alors ministre plénipotentiaire de France à Ratisbonne. Le décret de nomination est daté de Milan, le 2 juin 1805. Le clergé applaudit généralement à cette combinaison, dont il ne devait pas longtemps éprouver les effets. Portalis se condamna pendant plusieurs mois à d'austères privations pour prévenir la cécité complète dont il était menacé. En 1806, il se fit opérer de la cataracte, et l'opération parut avoir pleinement réussi. Mais ce succès fut trompeur, et des ténèbres plus épaisses remplacèrent bientôt quelques fugitifs retours de lueur : *N'importe,* s'écria le vénérable malade, *j'ai pu voir mes petits-enfants!* Portalis survécut peu de temps à cette épreuve. Il expira, le 25 août 1807, âgé de soixante et un ans seulement, à la suite de quelques jours de souffrances, dans tous les sentiments de résignation religieuse et de foi chrétienne que promettait une telle vie, laissant dans l'État un vide *presque impossible à combler* (1), et dans la société la trace ineffaçable d'un des contemporains qui, à des titres divers, l'ont le plus honorée.

Les hommages qui avaient entouré Portalis durant sa vie, ne firent pas défaut à sa mémoire. Ses obsèques eurent lieu, le 29 août, dans un immense appareil dont l'État fit tous les frais. Le convoi, auquel assistèrent les présidents de tous les grands corps de l'empire, les ministres, les grands dignitaires, tous les évêques présents à Paris et des prêtres des différentes paroisses, partit à pied du ministère des cultes pour se rendre à l'église de Saint-Thomas-d'Aquin. A la suite d'un office solennel, le corps fut déposé, par l'ordre formel de l'empereur, dans l'un des caveaux du Panthéon, auprès de celui de Tronchet, le plus savant émule de l'illustre défunt. Le ministre de la justice, Régnier, prononça sur la tombe de Portalis

(1) Manuscrits inédits du cardinal Fesch, lettre du 31 août 1807.

un discours dans lequel il retraça sommairement les diverses phases de sa laborieuse carrière, et rendit un éclatant hommage à la pureté et à la bienveillance de son caractère. Quelques jours après, le 11 septembre, un service funèbre fut célébré dans l'église métropolitaine d'Aix en Provence, et M. d'Arbaud-Jouques, sous-préfet de l'arrondissement, consacra à la mémoire de l'illustre défunt une relation éloquente des principales actions qui devaient la rendre à jamais chère et honorable à ses compatriotes. Des services semblables eurent lieu dans toutes les églises de France et dans plusieurs églises d'Allemagne et d'Italie. Les communions dissidentes saluèrent également de leurs regrets la perte de l'homme d'État qui ne s'était pas moins fait remarquer par son esprit de tolérance que par la fermeté de sa foi, et le professeur Blessig fit entendre à cette occasion, le 20 septembre 1807, dans le temple neuf de Strasbourg, quelques paroles pleines de sentiment et d'élévation (1).

Une perte aussi considérable que celle de Portalis ne pouvait rester indifférente à la cour impériale, dont l'éclat lui avait dû quelques-uns de ses rayons les plus purs. Napoléon, qui n'avait négligé aucune occasion de lui témoigner son estime et son attachement (2), y prit une vive part, et plus tard, par

(1) Strasbourg, 1807, in-8°.

(2) On lit à ce sujet dans un collecteur contemporain l'anecdote suivante. Après une séance du conseil d'État, le premier Consul était resté à discou-

une lettre datée de Burgos, le 18 novembre 1808, il chargea le grand-juge de faire placer la statue en marbre blanc de Portalis et celle de Tronchet dans la salle du conseil d'État (1). L'impératrice Joséphine et le prince Eugène consignèrent l'expression de leurs regrets et de leur admiration dans des lettres qui sont devenues pour les descendants de Portalis de véritables titres de famille (2).

rir au sein d'un groupe composé en grande partie de jeunes auditeurs avides de recueillir ses moindres paroles. Portalis se tenait modestement derrière quelques-uns d'entr'eux sans qu'ils y fissent attention, captivés qu'ils étaient par le langage animé du maître. A peine Napoléon l'eut-il aperçu que, quittant précipitamment sa place et écartant doucement ceux qui étaient devant lui, il dit à l'un d'eux avec une paternelle bienveillance : « Jeune homme, il ne vous arrive donc jamais de regarder derrière vous ? » Et prenant Portalis par la main, il l'attira à lui, et lui demanda des nouvelles du discours préliminaire du Code, qu'il s'était chargé de rédiger. Portalis l'ayant assuré qu'il était un mesure, le premier Consul fit éclater une visible satisfaction : « Ainsi secondé, ajouta-t-il, nous ferons de grandes choses. » (*Napoléon au cons. d'État*, par Marco Saint-Hilaire, t. 2.)

(1) Ces deux statues, dues au ciseau habile de Deseine, et qui ne furent terminées que sous la restauration, ornent aujourd'hui l'une des galeries du rez-de-chaussée du musée de Versailles. Un portrait en pied de Portalis, peint par Gautherau, après avoir figuré au château de Compiègne, dans la galerie des ministres, se trouve aujourd'hui également à Versailles, dans une galerie dépendante des attiques du château. Un autre portrait, peint par M. Collin, est placé dans la grande salle des séances publiques du conseil d'État. Enfin, la statue en marbre de Portalis, sculptée par Ramus, est au nombre de celles qui figurent dans l'hémicycle de la salle des séances, au palais du Luxembourg. Le nom de ce grand ministre a été donné par le navigateur Péron à l'un des caps qu'il a découverts, en 1801, dans les mers de l'Océanie.

(2) La famille Portalis possède également une gravure donnée par le premier consul à Portalis, en souvenir de la conclusion du Concordat. Ce dessin représente la signature même de ce mémorable traité. Au premier plan figure le général Bonaparte assis et écrivant, et derrière lui Portalis la main appuyée sur le dossier de son fauteuil. Joseph Bonaparte, le cardinal Consalvi, et les autres signataires du Concordat, remplissent le second plan du tableau.

Le 8 novembre 1847, plus de quarante ans après la mort de ce grand homme de bien, une cérémonie imposante eut lieu dans la ville d'Aix, chef-lieu de la province dont il était originaire : ce fut l'inauguration de sa statue en marbre blanc et de celle de son beau-frère Siméon, exécutées par Ramus, sur les marches du palais de justice de cette ville, selon le vœu du conseil du département. Cette solennité, à l'occasion de laquelle les chefs de la cour royale et le maire de la ville prononcèrent l'éloge de ces deux hommes illustres, emprunta un intérêt particulier à la présence des membres de la famille de Portalis, qui s'y trouvaient réunis ; et ce ne fut pas sans intérêt qu'on entendit le vénérable héritier de son nom et de son savoir, M. le comte Portalis, premier président de la Cour suprême, s'associer par une improvisation profondément émue, aux touchants hommages décernés à son père et à son oncle.

Lors de la réorganisation de l'Institut, en 1803, Portalis avait été désigné par l'empereur pour remplacer l'avocat-général Séguier dans la classe de littérature, qui répondait à l'ancienne Académie française. M. de Fontanes lut en son nom, en séance publique, le 2 janvier 1806, l'éloge de son prédécesseur, mort en 1791. Cet élégant morceau, que Portalis avait longtemps gardé dans sa mémoire avant de le dicter, fut accueilli avec faveur ; il obtint deux éditions successives, et M. de Lally Tolendal, ami de l'auteur, en parla honorablement à plusieurs reprises, dans le

Mercure de France. L'éloge de Portalis fut prononcé plus tard (24 novembre 1807) par Laujon, son successeur, à qui répondit Bernardin de Saint-Pierre, directeur de l'Académie. Voici le portrait légèrement affecté que traça de Portalis, dans cette allocution, l'immortel auteur des *Études de la Nature* : « Vous avez pu remarquer dans le cours de sa carrière, dit-il, un caractère particulier qui fait, selon moi, le plus grand charme des sociétés et surtout des sociétés littéraires, c'est l'esprit de conciliation. Les navigateurs sont souvent obligés de côtoyer des écueils sur la mer; mais les tempêtes des factions sont plus dangereuses que celles de l'Océan. S'il y a de l'habileté à éviter leur furie, il y en a une bien plus grande à en tirer parti; ainsi, le pilote expérimenté, jeté au milieu de rescifs, trouve dans leurs canaux tortueux un port assuré où d'autres ont rencontré le naufrage. M. Portalis a conservé cet esprit de conciliation dans toutes les circonstances embarrassantes où il s'est trouvé; mais où l'avait-il puisé? Etait-ce dans les discussions du barreau où il avait débuté; à la tribune du Conseil des Anciens, au milieu des différends tumultueux des divers partis; dans le ministère des cultes, parmi les intérêts sacrés, mais quelquefois opposés, des différentes communions? C'était sans doute à l'école des Muses, ces consolatrices du genre humain. Voilà ce que l'Académie doit louer, et ce qu'elle regrettera toujours. D'ailleurs, le barreau, le conseil d'État, la Synagogue, le Temple et l'Église ne lui doivent pas moins des éloges, sous ce rapport même ; presque tous en ont recueilli les principaux avantages. »

Ce fut, comme nous l'avons dit plus haut, pendant son séjour dans le Holstein, à Emckendorff, que Portalis, alors âgé de cinquante-deux ans, écrivit en 1798 son grand ouvrage intitulé : *De l'Usage et de l'abus de l'esprit philosophique*. Ce livre ne fut publié que treize ans après la mort de l'auteur, en 1820, par M. le comte Portalis, son fils, qui le fit précéder d'une notice biographique, et d'un savant *Essai sur l'origine, l'histoire et les progrès de la littérature française et de la philosophie* (1). L'œuvre de Portalis n'exerça donc, à la différence du *Génie du Christianisme*, aucune influence sur l'esprit de réaction religieuse qui se manifesta en dehors du dix-neuvième siècle, et veut être appréciée en elle-même, et en tenant exclusivement compte des impressions et des tendances propres à l'illustre écrivain. C'est la tâche que nous essaierons de remplir sommairement, après avoir analysé avec fidélité le plan, les développements et les conclusions de ce remarquable travail.

Portalis s'attache d'abord à définir clairement ce qu'il appelle l'*esprit philosophique*. « C'est, dit-il, cette manière d'envisager les choses, cette maturité de jugement qui distingue les gens éclairés de ceux qui ne le sont pas, le coup-d'œil d'une raison exercée, qui est pour l'entendement ce que la conscience est

(1) Paris, Egron, 2 vol. in-8°. — Deux éditions postérieures ont été publiées, l'une en 1827, l'autre en 1833.

pour le cœur; esprit de liberté, de recherche et de lumière, qui veut tout voir et ne rien supposer, qui marque enfin le but, l'étendue et les limites des connaissances humaines, et qui seul peut les porter au plus haut degré de dignité, de perfection et d'utilité.» Définition un peu ample, un peu vague sans doute, mais dont l'auteur ne tarde pas à fixer les caractères par l'application la plus féconde et la plus lumineuse.

Portalis trace à grands traits l'histoire de la philosophie proprement dite. Née ou rétablie en Europe à la renaissance des lettres, elle n'y conserve pas longtemps son empire : on la voit s'éclipser sous les atteintes cumulées de l'école et de la religion, puis reparaître à la suite de Bacon, son immortel précurseur; de Descartes, ce véritable promoteur de l'esprit philosophique, qui substitue la méthode à l'autorité, secoue le joug de la scolastique, et, dans l'art de douter, pose le premier fondement de l'art de s'instruire; de Newton, de Condillac, de Locke, de Bayle, de Leibnitz, ses dignes auxiliaires. Mais ces grands esprits n'ont point à eux seuls préparé le règne de la philosophie : il faut tenir compte de l'influence du siècle; les découvertes industrielles, le commerce, l'imprimerie, et jusqu'à la réforme, ont contribué à faire sortir la lumière du sein du désordre et à stimuler les progrès de l'esprit humain.

Il n'y a à proprement parler, poursuit l'auteur, qu'une science : c'est celle de la nature. En dehors de ce guide indéfectible, toutes les définitions qu'on a essayées, tous les principes qu'on a entrepris de poser, sont sans réalité; toutes les découvertes qu'on a invoquées sont « comme les ombres qui s'éteignent au déclin du jour. » Pour corollaire à cette proposition, Portalis met en regard l'état de la physique générale avant le développement de l'esprit philosophique, et le tableau des progrès postérieurs accomplis dans les sciences naturelles et expérimentales, et dont il n'hésite pas à faire honneur aux méthodes fondées sur cet esprit; car, dit-il, si les découvertes sont souvent des bonnes fortunes, « on est autorisé à croire qu'elles arrivent de préférence aux hommes qui ont l'habitude de l'observation... » Ce n'est qu'après avoir approfondi tous les faits particuliers que l'on peut former un ensemble; alors on généralise, on promulgue des maximes, on établit des règles, on devient législateur, *on abrège tout, parce qu'on voit tout.* » L'esprit philosophique doit donc beaucoup aux sciences exactes, qui portent dans toutes les autres la rigueur du raisonnement et l'habitude de ne céder qu'à l'évidence des démonstrations. Mais les sciences exactes, de leur côté, empruntent beaucoup aussi à l'esprit philosophique, qui a déterminé leur utilité en réglant leur application, et qui a doté de méthodes précieuses jusqu'aux sciences purement spéculatives.

Ici se présente, dans l'origine de nos idées, une des questions les plus fondamentales et les plus agitées de la philosophie moderne. On pressent, par tout ce qui précède, que Portalis n'hésite pas à préférer le système des sensations de Locke et de Condillac à celui des idées *à priori* de Kant, qu'il réfute avec beaucoup de chaleur et d'abondance, et « où tout est faux, dit-il, parce que tout y est absolu. » Portalis voit dans l'expérience la source et la limite de toutes les connaissances humaines, et dans les faits le principe exclusif de la génération de nos idées. Cette doctrine le conduit à des développements d'un grand intérêt sur la question du libre arbitre, et à une réfutation éloquente du matérialisme qui ne fonde l'existence de l'homme que sur le désordre perpétuel de l'homme même. Hasard et fortune, dit-il à cette occasion, sont des noms que nous donnons aux événements dont les causes nous échappent, et les règles du monde moral sont aussi fixes et plus certaines même que celles de l'ordre matériel.

A partir de ces prémisses, le livre de Portalis n'offre plus, pour ainsi dire, qu'une suite de déductions, ou, pour parler avec plus de justesse, qu'une série d'applications des principes qu'il a posés aux diverses branches des connaissances humaines.

L'auteur apprécie l'esprit philosophique dans ses rapports avec les lettres et les arts, et comme source du beau qu'il définit le *bon mis en action*, comme fondement du goût, qui n'est qu'une aptitude particulière à démêler le beau ; il examine l'influence que cet esprit est appelé à exercer sur la tragédie, sur la comédie, sur la sculpture, la peinture, la musique ;

il fait remarquer que les hommes n'ont atteint à un certain degré de perfection dans l'art de parler et d'écrire, que lorsque la philosophie a été appliquée à la littérature, que ses progrès ont arrêté ceux du clinquant qui se glissait dans quelques écrivains de la fin du siècle de Louis XIV, et qu'elle seule propose un but moral à toutes les manifestations de la pensée.

Quelle ne sera pas la fécondité de l'esprit philosophique appliqué à l'histoire! C'est lui qui nous enseigne à discerner le *vrai historique* du *vraisemblable*, et le *vraisemblable* du *fabuleux* et du *faux*. Par lui encore, nous apprenons à envisager les faits dans leurs rapports avec le génie particulier de chaque peuple, avec l'époque à laquelle ils remontent, avec la vie entière des personnages qu'ils concernent, à étudier la multitude dans les individus et les individus dans la multitude. De l'histoire, dont le but est de peindre les hommes tels qu'ils sont, à la morale qui se propose de les rendre tels qu'ils doivent être, la transition est naturelle. L'auteur, en remarquant que les philosophes modernes ne se sont occupés que très-tard de cette branche de leur science, examine sommairement la marche qu'elle a suivie et réfute quelques-uns des faux systèmes qui en ont contrarié les progrès. Il cherche les fondements de la morale dans les facultés naturelles de l'homme et dans ses rapports, et lui assigne le sentiment comme sa véritable limite; mais il en voit le complément nécessaire, indispensable, dans la religion, et répute fausse toute doctrine qui ne réunit pas Dieu, l'homme et la société. Portalis consacre trois chapitres à discuter les divers systèmes philosophiques en matière de religion positive, à traiter de l'enthousiasme, du fanatisme et de la superstition, à rechercher les règles d'après lesquelles on peut se diriger dans le choix d'une religion. Cette savante et judicieuse démonstration peut se résumer dans les propositions suivantes : la raison n'exclut point la révélation ; l'existence de tant de fausses religions comporte nécessairement l'idée d'une religion véritable ; la superstition et le fanatisme, qui ne sont que les abus de l'esprit religieux, sont préférables à l'absence de toute espèce de croyance, et ne prouvent rien contre la vraie religion ; enfin, les maximes et les enseignements du christianisme n'ont rien de contraire au langage de la plus saine philosophie. A ces conclusions, sur lesquelles nous n'insistons pas, soit à cause de leur manque de nouveauté, soit à raison de l'évidence de la plupart d'entre elles, l'auteur fait succéder un coup d'œil philosophique sur la législation, qu'il définit « la connaissance des droits de l'homme sagement combinés avec les besoins de la société », sur la politique et la jurisprudence. Il combat l'hypothèse d'un état absolu de nature antérieur et opposé à l'état de société, et démontre que l'ordre social existe comme un fait, non comme le résultat d'un pacte, puisqu'il a pour objet le bien constant de l'humanité, et qu'il est fondé sur les rapports essentiels et indestructibles qui existent entre les hommes. Puis il aborde la grande question du principe de la souveraineté, laquelle ne découle d'aucune loi positive et n'est que le résultat ou la conséquence nécessaire de l'union sociale : la souveraineté, être moral, métaphysique, dont le gouvernement est la forme sensible et régulière ; la souveraineté, qui s'exerce au nom et au profit du peuple, mais en dehors de son action continuelle et permanente. Portalis cherche ensuite à assigner au dogme de l'égalité et de la liberté ses véritables caractères ; il établit l'impossibilité d'une égalité absolue entre tous les membres du corps social. « Ce principe, dit-il éloquemment, est contraire à la nature, qui ne conserve ses ouvrages que par des inégalités sagement graduées, et le ciel semble avoir voulu nous donner une grande et terrible instruction en nous montrant que la cruelle faux de la mort ne parvient à tout égaliser qu'en détruisant tout. » L'auteur remarque avec une haute raison que les hommes ne jouissent d'une véritable liberté que « dans les contrées où chacun d'eux est compté pour quelque chose et a l'opinion fondée et confiante de sa sûreté. » Enfin, il voit dans le droit de propriété le plus sacré de tous ceux pour lesquels existe la garantie sociale ; mais il pose en principe que l'État ne peut revendiquer en aucun cas l'exercice de ce droit, et qu'il n'est que le gardien et le régulateur des biens de ses membres.

Le chapitre 31, consacré à l'examen des lois pénales, offre plusieurs considérations d'un haut intérêt. Portalis combat, comme vaines et dangereuses, les théories employées pour écarter l'usage de la peine de mort, qui lui paraît l'expression du droit naturel de la défense. Vainement objecte-t-on que le citoyen qui consent à vivre en société est présumé n'en avoir accepté les bienfaits qu'au prix des moindres sacrifices, parmi lesquels ne peut figurer l'abandon de sa vie: cet argument est sans valeur, puisqu'il peut s'appliquer également à la perte de la liberté. Or, qui pourrait prétendre que le corps politique n'est point en droit de séquestrer un citoyen dangereux? Le criminel frappé par le glaive de la loi succombe sans injustice, puisqu'il périt par un effet de sa volonté présumée. Ce système, auquel on a trouvé le tort un peu vague de compromettre le droit de punir (1), souffre une objection plus palpable: du droit de défense, a dit un savant criminaliste, peut naître la guerre, non la justice pénale, car la défense n'est légitime que lorsqu'elle repousse une attaque actuelle ou imminente (2). Mais, à part cette légère correction, la doctrine de Portalis est conforme aux idées généralement admises; et, soit que la société exerce un droit de défense, soit qu'elle use simplement d'un droit de conservation, la légitimité de son pouvoir reste la même.

(1) M. Hello, *Revue de législation*, oct. 1838.

(2) *Du principe du droit pénal*, par M. Faustin Hélie, p. 88.

Le chapitre dans lequel Portalis recherche comment le parti philosophique a été graduellement amené à devenir une puissance dans les gouvernements modernes, a mérité de justes éloges. L'auteur dérive cette importance de la rivalité du clergé catholique, corps essentiellement enseignant, avec les philosophes qui aspiraient au même privilége ; faibles et timides d'abord, les attaques de ceux-ci, encouragées par une noblesse illettrée et par le concours tacite ou avoué des pouvoirs jaloux de l'influence sacerdotale, prennent insensiblement plus de hardiesse ; l'irréligion qu'ils suscitent leur donne des auxiliaires ; les rapports que leurs études les conduisent à entretenir avec les dépositaires de l'autorité publique, augmentent leur prépondérance. C'est surtout parmi nous que cet ascendant se propage, grâce à l'absence si regrettable de toute représentation nationale. Le parti philosophique devient une magistrature séculière au sein de laquelle se discutent toutes les opérations du gouvernement, toutes les lois ou les réformes projetées, et les parlements, souvent menacés par le despotisme ministériel, cherchent un appui dans ses rangs et secondent ses efforts. Enfin, la suppression des jésuites, la décadence des ordres religieux consomment l'affermissement d'une domination préparée de longue main par l'émancipation progressive du tiers-état et par l'incurie ou l'inintelligence des gouvernements établis.

L'auteur consacre le dernier chapitre de son livre

à décrire et à apprécier les désordres qu'ont produits parmi nous les développements excessifs de l'esprit philosophique ; il signale tour à tour le désir immodéré des jouissances, l'esprit d'égoïsme et d'indépendance, le génie de la destruction appliqué aux institutions sociales les plus antiques et les plus révérées ; il passe en revue les diverses phases de la révolution française, le règne du terrorisme dont il retrace les hideux excès avec un burin digne des maîtres de l'histoire, celui du régime directorial, qu'il appelle une *demi-terreur*. Mais son équité se refuse à charger exclusivement l'esprit philosophique des calamités qu'il retrace ; il reconnaît que les mœurs publiques y ont eu la plus grande part ; que c'est le dérèglement qui a amené l'immoralité, et que « le mépris systématique de toutes les idées religieuses n'est venu que pour calmer ceux qui n'étaient plus fidèles à aucune religion. » Le véritable tort des philosophes est d'avoir été plus disposés à flatter qu'à combattre les vices de leur temps, et de s'être montrés plus jaloux de plaire et de dominer que d'instruire. « En attaquant, dit Portalis, des institutions encore puissantes en apparence, mais minées par la corruption, la vanité se ménageait tous les avantages de la hardiesse sans en courir les dangers. On ne peut accuser les écrivains de n'avoir pas été prudents ; car ils n'ont rien dit contre les dragonnades de Louis XIV, et n'ont commencé à prêcher la tolérance que dans un siècle d'indifférence et de tiédeur. »

La conclusion de ce remarquable ouvrage mérite d'être textuellement reproduite : « Quand la corruption, dit l'auteur, n'est que dans les mœurs, on peut y remédier par de sages lois ; mais quand un faux esprit philosophique l'a naturalisée dans la morale et dans la législation, le mal est incurable, parce qu'il est dans le remède même. »

Le tort de ce livre, comme nous l'avons vu plus haut, est de n'être point apparu à son temps, et d'avoir enseigné à une génération renouvelée des théories déjà vieillies par une rapide et amère expérience. Mais cette absence d'opportunité, qui n'est point entièrement du fait de l'auteur, n'affaiblit pas le mérite intrinsèque de son œuvre, lequel demeure encore très-grand. Si le *Génie du Christianisme* est le plus éclatant témoignage du réveil du sentiment religieux au début du dix-neuvième siècle, le traité de Portalis peut en être considéré comme le plus judicieux manifeste. Portalis ne procède point, comme Chateaubriand, par un brillant appel à l'imagination de ses lecteurs ; il n'a point de ces traits imprévus, de ces aperçus originaux qui, rendus dans ce style pittoresque dont le chantre des *Martyrs* possédait le secret, frappent et subjuguent même avant d'avoir persuadé. Il ne professe non plus ni les dogmes absolus de Bonald, ni la rude intolérance de Joseph de Maistre. La modération constante de son caractère, la nature démonstrative de son esprit le rapprochent davantage de l'apôtre par excellence du dix-neuvième siècle, de ce sage et éloquent abbé Frayssinous, qu'il eut la gloire de défendre contre les susceptibilités de la police impériale. Dans une discussion substantielle et méthodique, Portalis analyse avec sévérité, mais sans amertume et dans une juste mesure la marche, les progrès, les écarts de l'esprit humain, et démontre, à l'aide d'une expérience savamment interrogée, le néant de tous les systèmes dépourvus du principe vivifiant de la foi religieuse. En dénonçant l'abus de l'esprit philosophique, comme le remarque fort bien un ingénieux critique, l'auteur n'en proscrit pas absolument l'usage, « et il se montre attentif à extraire du grand mouvement moderne tout ce qui sert la raison sans détruire la morale (1). » Le mérite dominant de l'ouvrage est d'être inspiré par une raison droite, calme, également à l'épreuve de l'esprit de système et de l'esprit de parti, et qu'illumine constamment le flambeau d'un savoir qui touche à la plupart des notions humaines. A travers ce mérite encyclopédique, le livre conserve un caractère d'unité qui permet de saisir sans effort la liaison de toutes les parties dont il se compose, et le point primitif, le point de départ se laisse constamment apercevoir parmi les excursions multipliées et en apparence digressives auxquelles s'abandonne l'écrivain. Ses déductions métaphysiques manquent souvent sans doute de cette rigueur d'enchaînement qui appartient à l'école moderne, et on lui a reproché un

(1) M. Sainte-Beuve, *Causeries du lundi*, mars 1852.

certain défaut d'éclectisme dans quelques-uns des systèmes qu'il a soutenus. La valeur de ce grief serait fort atténuée par l'état d'imperfection où se trouvait la méthode éclectique lorsque l'illustre proscrit épanchait ainsi dans d'utiles méditations les trésors de sa douloureuse expérience ; mais elle disparaît surtout devant une lecture attentive de son traité, remarquable au contraire par le caractère tempéré de l'argumentation qui y règne et par la sagesse avec laquelle l'auteur déduit les conséquences des principes qu'il a posés. C'est avec plus de fondement peut-être qu'un autre critique l'a blâmé d'une trop grande uniformité dans l'expression générale de ses idées. Nous croyons avec M. Sainte-Beuve que ce tableau rapide et animé des bienfaits et des abus de l'esprit philosophique eût produit plus d'effet si l'écrivain avait mis plus en relief l'exposition de ses principales doctrines, en reléguant sur un plan inférieur les propositions d'un ordre moins essentiel.

Le style est l'homme même (1), a dit un grand ar-

(1) Je profite de cette citation pour signaler les singulières altérations que la maxime de Buffon a subie de nos jours. Quelques écrivains lui ont fait dire : *Le style est tout l'homme.* Plus récemment on a prétendu que l'auteur, dans les deux premières éditions de son discours, faites sous ses yeux, s'exprimait en ces termes : « Ces choses sont hors de l'homme, *le style est* DE *l'homme même.* » Mais voici qui est plus étrange encore : Dans une collection des discours de l'Académie française, publiée en 1808 (2 vol. in-8°), la fameuse maxime a été supprimée. Désireux d'éclaircir ce point philologique, j'ai recouru à la première édition complète des œuvres de l'auteur, imprimée de son vivant (1749-88) en 36 vol. in-4°, édition recommandée comme la meilleure par Cuvier et par M. Flourens, et je me suis assuré que le *texte primitif* est pleinement conforme à la leçon généralement adoptée. Buffon a donc bien dit et écrit : *Le style est l'homme*

tiste. Celui de l'*Esprit philosophique* se distingue par la netteté, l'élégance et l'élévation. Nous n'y avons remarqué ni cette emphase, ni cette prolixité qu'on a quelquefois reprochées à l'auteur, et le ton général n'a rien qui rappelle la diction un peu déclamatoire de ses discours parlementaires. La période, chez Portalis, se développe pleine et sentencieuse à la manière de Rousseau, dont il a parfois l'éclat et l'émotion, mais jamais l'allure passionnée et paradoxale. Nous ne citerons, pour justifier notre appréciation, que le morceau suivant, où l'auteur prouve l'immortalité de l'âme, par le sentiment de la conscience :

« La conscience réfléchit sur chaque individu la lumière qu'elle reçoit elle-même de la raison suprême ; elle est le sujet, le lien et non le terme de nos rapports avec l'éternelle équité : tous les sentiments qu'elle réveille, tous les jugements qu'elle porte, dirigent les regards de notre âme vers une nouvelle région. Je ne nie point que le remords ne soit déjà une peine, par les chagrins cuisants qui l'accompagnent et qui nous déchirent ; mais il devient encore un présage par les sombres terreurs qui s'y mêlent. Si le crime suffit pour autoriser l'action de la justice humaine, un repentir sincère et touchant, qui ne peut être jugé que par les hommes, nous découvre une autre justice. Le malheureux qui ouvre son âme à ce senti-

même. Quelle est la source, quel a été le fondement des variantes successives que je viens de rappeler? C'est ce qu'il m'a été impossible d'établir. Quoi qu'il en soit, j'ai espéré qu'on me pardonnerait cette courte digression en faveur de la juste célébrité de l'axiôme auquel elle se rapporte.

ment, qui déclare cet appel à la clémence divine, et qui expire sur un lit de douleur, dans les fers ou sous le glaive de la loi, attend la miséricorde après la torture, et il voit poindre l'aurore d'un nouveau jour. Je le demande à tout esprit raisonnable et de bonne foi, le repentir, ce compagnon secourable de notre faiblesse, n'est-il pas évidemment la preuve et le gage de notre immortalité? D'autre part, si je jette les yeux sur l'homme juste, je le trouve heureux par le témoignage de sa conscience. Mais n'a-t-il pas toujours à lutter contre ses passions et contre celles des autres? Son cœur n'est-il pas continuellement travaillé par cette méfiance délicate qui lui fait craindre à chaque instant de rencontrer un écueil pour sa vertu dans sa vertu même? N'aurait-il donc plus rien à attendre pour son bonheur? Ah ! son espérance le précipite au devant d'un avenir dont la perspective encourage tous ses efforts et le console de tous ses sacrifices. Notre conscience, où naissent nos plus sérieuses craintes et nos espérances les plus élevées, nous porte donc sans cesse vers une nouvelle terre et vers un nouveau ciel (1). »

Le traité de l'*Esprit philosophique* et l'*Essai* qui le précède furent, à leur apparition, traduits dans la plupart des langues étrangères, et n'ont cessé depuis lors d'être comptés parmi les écrits les plus sérieux et les plus utiles qu'ait produits le dix-neuvième siècle.

(1) *De l'Usage et de l'abus*, etc., chap. XI.

Portalis avait puissamment contribué à fonder, à Paris, l'*Académie de législation*, et cette école, destinée à la restauration des études de jurisprudence au sortir de la crise révolutionnaire, le comptait, malgré l'importance et l'assiduité de ses occupations, parmi ses plus zélés protecteurs. Il fut souvent appelé à l'honneur de la présider, et rien, dit-on, n'égalait l'empressement avec lequel cette jeunesse studieuse, qui, depuis, a fourni à la magistrature et au barreau français une partie de ses meilleurs sujets, se pressait pour recueillir, dans les exercices publics, les accents de cette parole vénérable, paternelle, doucement accentuée, qui exerçait un charme si sympathique sur l'âme de ses auditeurs.

Le czar Alexandre, désirant réformer la législation de son vaste empire, fit consulter en 1806 Portalis à cet égard, et M. de Marcoff, son ministre à Paris, eut ordre de recueillir et de lui transmettre les observations du savant jurisconsulte. Mais le temps manqua à Portalis pour satisfaire aux généreuses vues de l'autocrate.

Portalis avait été décoré en 1805 du grand aigle de la Légion d'honneur, dans un temps où les grades les plus inférieurs de cet ordre étaient employés à ne récompenser qu'un mérite ou des services réels. Napoléon l'avait compris sous la qualification de duc dans le travail d'organisation de la noblesse impériale; mais, sa mort ayant eu lieu avant la publication de ce travail, le titre de comte, par une sorte de dédommagement posthume, fut conféré à son fils le 25 août 1809, jour anniversaire de cet événement ; celui de comtesse fut attribué à la veuve de l'illustre défunt, femme d'un esprit distingué, d'un grand caractère, et qui mourut jour pour jour six ans après lui, le 25 août 1813, à Genevilliers, près de Paris.

Jean-Étienne Portalis, que de nos jours on a surnommé *l'Ancien* par une réminiscence heureuse des traditions de l'antiquité latine, était d'une taille élevée et bien prise. Sa physionomie sérieuse et fine, qu'éclairait un demi-sourire, réfléchissait avec fidélité les nuances et les impressions de son âme. Le fond de son caractère était une bonhomie pleine de grâce et mélangée de ces vives saillies, familières au climat qui l'avait vu naître, et dont l'enjouement répandait un piquant intérêt sur sa conversation naturellement grave et substantielle. Rien ne surpassait, dit-on, le charme de son élocution pleine et abondante, et qu'il savait émailler à propos d'ingénieuses sentences que tenait toujours en réserve le trésor d'une incomparable mémoire (1). Homme de savoir et de talent plus que d'imagination et d'initiative, et d'un caractère estimable plutôt que d'un grand caractère,

(1) Dans une intéressante étude consacrée à Portalis, il y a quelques années, M. Sainte-Beuve rapporte un exemple curieux de cette prodigieuse faculté. Portalis, déjà frappé d'un commencement de cécité, était venu travailler avec le premier consul. « Asseyez-vous, lui dit Bonaparte, et écrivez. » Quand la dictée fut terminée, le premier consul l'invita à relire ce qu'il avait écrit. Portalis relut ou sembla le faire ; la version était littéralement exacte, quoiqu'il n'eût pas écrit un seul mot. (*Causeries du lundi.*)

son éloquence manquait généralement de ces élans passionnés qui subjuguent les âmes et entraînent les résolutions. Mais il rachetait l'absence de cette faculté par des ressources précieuses : une dialectique lumineuse et pressante, beaucoup d'art dans la disposition des arguments, une modération de langage à toute épreuve, un ton irrésistible de conviction et d'honnêteté, et par-dessus tout l'autorité d'une vie pure et intègre et d'un désintéressement (1) digne des beaux temps de l'antiquité.

Parmi les nombreux témoignages qui confirment ces appréciations, il en est deux que nous citerons de préférence : l'un, parce qu'il émane d'un écrivain contemporain placé dans toutes les conditions d'une haute et irrécusable compétence; l'autre, parce qu'il appartient à l'un des jurisconsultes de notre époque les plus aptes à sentir avec justesse et à caractériser avec pénétration le double mérite du législateur et de l'homme d'État. « L'orateur qui donnait au Conseil des Anciens le plus de lustre et de poids, dit l'historien du *Dix-huitième siècle,* était Portalis. C'était un esprit où le don de la grâce et celui de la force, l'art d'émouvoir et la puissance de la démonstration, se combinaient dans une parfaite harmonie. Il se faisait écouter avec plaisir et avec une attention respectueuse de ceux même

(2) Ce désintéressement, chez Portalis, datait de l'exercice de sa profession d'avocat. Il existe de lui une sentence arbitrale, rendue sans doute entre plaideurs malaisés ; elle est suivie d'une quittance ainsi conçue : *Habui sept livres dix sous....*

qu'il combattait. On goûtait auprès de lui le charme continu d'une improvisation correcte, ingénieuse et qui, bien qu'assez abondante, n'offrait jamais rien de stérile pour la pensée » (1). « — Par sa science et sa vertu, dit à son tour M. Dupin, Portalis offrait une égale garantie à l'Église et à l'État. Il était attaché à l'une par sa foi, dont l'orthodoxie n'a jamais pu être révoquée en doute ; à l'autre, par un patriotisme dont sa vie politique porte la plus vive empreinte. Savant jurisconsulte, également versé dans la connaissance du droit canonique et du droit civil, formé à l'école du droit ancien, mais associé de bonne heure à l'esprit de la législation nouvelle, orateur éminent, le plus capable de défendre, par des discours parlementaires, les rédactions de sa plume et les méditations du cabinet, on peut dire que jamais homme n'a été plus complétement identifié avec son œuvre que Portalis ne l'a été avec la législation qui se rattache au Concordat » (2).

Ces qualités expliquent les succès de Portalis à la tribune et au barreau, et l'ascendant remarquable qu'il exerça sur ses contemporains. Mais c'est aussi à la faveur des circonstances qu'il faut demander compte d'une illustration qui durera

(1) Lacretelle, *Hist. du Directoire*, liv. v.

(2) *Rapport à l'Académie des sciences morales et politiques.*

Le caractère et les travaux de Portalis ont été sommairement, mais très-judicieusement appréciés par M. Hello (*Revue de législation*), par M. Hacquin, dans une monographie spéciale (1845) et par M. Foisset aîné, t. 35 de la *Biogr. universelle.*

à l'égal des meilleures, et que le laps du temps ne fera que fortifier. Portalis eut sur tant d'autres l'avantage immense de venir à son heure et d'appartenir à une époque dont les nécessités se trouvèrent merveilleusement en rapport avec la nature de son esprit. Premier auxiliaire de Napoléon dans une haute pensée d'ordre et de réparation, celle de rendre un culte à la France et de *réconcilier*, selon son langage, *la révolution avec le Ciel*, il fit voir tout ce que peut, sur une société en décadence, l'action d'un homme de bien, secondée par des facultés proportionnées à son zèle. Chargé de préparer une législation uniforme pour la France régénérée, il empreignit son œuvre de cette philosophie religieuse dont on avait perdu le secret, et lui imprima ainsi le sceau d'une glorieuse immortalité. C'est par les liens les plus purs que son nom reste invariablement attaché aux deux grandes restaurations qui ont signalé d'une manière si brillante parmi nous l'avènement du dix-neuvième siècle. Enfin, et ce fut la faveur suprême de la fortune, Portalis s'éteignit à temps pour ne point assister à cette lutte impie entre le pontife et le despote, que tous ses efforts s'étaient appliqués à prévenir. Aucune amertume n'attrista la sincérité du concours qu'il avait prêté à l'inauguration d'un pouvoir qui fit naître et qui trahit tant d'espérances. Il disparut dans tout l'éclat de sa pacifique célébrité, laissant un nom sans reproche à une époque marquée par le naufrage de tant de caractères, et la renommée d'un talent auquel rien n'avait semblé supérieur que sa propre vertu.

Et toutefois, nous ne pouvons, en terminant cette Étude, retenir l'expression d'un regret. Des facultés aussi brillantes, des aptitudes aussi diverses eussent été dignes, ce nous semble, d'un régime moins absolu que celui auquel Portalis en consacra l'emploi. Homme d'État, philosophe, orateur, c'est sous un gouvernement de libre discussion que sa place était véritablement marquée. Ministre de cette monarchie représentative dont il avait rêvé le retour, quel ascendant n'aurait-il pas exercé sur nos assemblées délibérantes par le prestige irrésistible de l'éloquence et du caractère! Peut-être eût-il définitivement naturalisé sur le noble sol de France cette liberté politique qu'elle ne devait recouvrer quelques années plus tard que pour la compromettre par de nouveaux excès. Peut-être sa haute sagesse eût-elle sauvé du naufrage des révolutions ces institutions généreuses que tous les peuples sont plus ou moins aptes à conquérir, mais qu'il n'est donné qu'au petit nombre de comprendre et de pratiquer.

TABLE DES SOMMAIRES.

PREMIÈRE PARTIE.

Origine, naissance, éducation de Portalis. — Ses premiers écrits. — Ses débuts au barreau d'Aix. — Son administration provinciale. — Procès de la comtesse de Mirabeau. — Du comte de La Blache. — Mémoires de Portalis sur le rétablissement des Etats de Provence. — Sur les Edits de 1788. Page 1

DEUXIÈME PARTIE.

La Révolution française. — Belle conduite de Portalis. — Sa retraite. — Son arrestation. — Sa délivrance. — Il est élu membre du *Conseil des Anciens*. — Ses discours sur la *liberté de la presse;* sur *l'exclusion des émigrés;* sur les *prêtres réfractaires;* sur les *naufragés de Calais.* —Il est appelé à la présidence du Conseil.—Il est proscrit au 18 fructidor. — Son séjour en Suisse. — Dans le Brisgau. — A Emckendorf, dans le Holstein. — Mariage de son fils avec mademoiselle de Holck. Page 25

TROISIÈME PARTIE.

Portalis rentre en France. — Il est appelé au Conseil des prises; au Conseil d'État. — Ses premiers travaux. — Il est nommé directeur-général, puis ministre des cultes. — Détails sur sa participation aux articles organiques du Concordat. Page 58

QUATRIÈME PARTIE.

Part active que Portalis prend à la rédaction et à la présentation du Code civil. — Son concours à l'établissement du régime impérial. — Détails sur son administration des cultes. Page 91

CINQUIÈME PARTIE.

Mort de Portalis. — Hommages rendus à sa mémoire. — Analyse de son livre de *l'Usage et de l'Abus de l'esprit philosophique.* — Notice sur ses autres travaux. — Son portrait. — Examen de son caractère et de son influence. Page 136

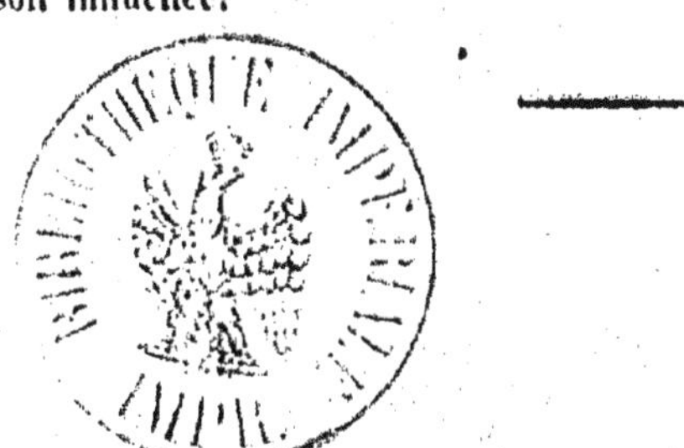

www.ingramcontent.com/pod-product-compliance
Ingram Content Group UK Ltd.
Pitfield, Milton Keynes, MK11 3LW, UK
UKHW020143200726
13856UKWH00003B/821